Henri Stierlin

Fotos: Anne und Henri Stierlin

MAYA

Paläste und Pyramiden im Urwald

TASCHEN

KÖLN LISBOA LONDON NEW YORK PARIS TOKYO

Seite 3
Das skulptierte Relief aus Jade stammt aus dem Schatz der Krypta des Tempels der Inschriften in Palenque. Es zeigt eine Person im Prunkgewand mit gefiedertem Kopfschmuck und stammt aus der Zeit vor 675 n. Chr. (Mexiko-Stadt, Museo Nacional de Antropología)

Seite 5
Die Stele 4 aus Machaquila zeigt einen hohen Würdenträger mit rituellem Kopfschmuck und einem kleinen Zepter in Gestalt einer Person. Die Inschrift trägt das Datum 820 n. Chr. (Guatemala-Stadt, Museo Nacional de Arqueología y Ethnología)

Dieses Buch wurde gedruckt auf 100% chlorfrei gebleichtem Papier gemäß TCF-Norm.

Hohenzollernring 53, D-50672 Köln

Verlegerische Leitung: Angelika Taschen, Köln
Redaktion und Lektorat: Susanne Klinkhamels, Köln
Mitarbeit: Caroline Keller, Köln
Design und Layout: Marion Hauff, Mailand
Umschlaggestaltung: Marion Hauff, Mailand; Angelika Taschen, Köln
Deutsche Übersetzung: Peter Hahlbrock, Berlin

Printed in Spain
ISBN 3-8228-8190-2

Inhalt

Einleitung

Eintritt der Maya in die Geschichte

Statuette aus Simojovel
Sowohl aus der Haltung und den Gesichtszügen dieser Figur, als auch aus der turbanartigen Kopfbedeckung, der um den Hals geschlungenen Schärpe, einer Art Muff am linken Handgelenk und auch aus dem Narbenmuster neben dem rechten Mundwinkel spricht Würde. Die etwa 50 cm hohe Terrakottastatuette wurde in Simojovel (Chiapas), nicht weit von Palenque, gefunden. (Mexiko-Stadt, Museo Nacional de Antropología)

Die Kultur der Maya – die fortgeschrittenste der Hochkulturen Mesoamerikas – hat eine mächtige Architektur hervorgebracht. In den Regenwaldgebieten Guatemalas, Honduras' und Belizes sowie im Buschwald des Nordwestens der Halbinsel Yucatán verstreut, hat man die Reste von Dutzenden von Städten und Hunderten von Bauwerken gefunden.

Im Gebiet der heutigen mexikanischen Bundesstaaten Quintana Roo, Campeche und Chiapas wie der Republik Guatemala, sowohl im tiefgelegenen Petén als auch im vulkanischen Hochland, haben die Stämme der Maya während der ersten zwölf Jahrhunderte n. Chr. eine beträchtliche Zahl beeindruckender Bauten errichtet. Die Reste dieser Bauten offenbaren eine Architektur, die als eines der wichtigsten Zeugnisse der präkolumbischen Hochkulturen gelten kann. Denn diese Schöpfungen zeugen von der hohen Blüte der Kunst in der Neuen Welt während der Jahrhunderte, die in Europa die Zeit vom Ende der Antike über die Völkerwanderung bis hin zur Ausbildung der mittelalterlichen Kultur umfaßte. Allerdings ist diese Gleichzeitigkeit historisch belanglos, denn die präkolumbischen Kulturen der Neuen Welt haben sich in vollkommener Unabhängigkeit von denen der Alten entwickelt. Die Völker Mesoamerikas standen zur Zeit der spanischen Eroberung noch unter keinerlei äußerem Einfluß, weder seitens der Kulturen der westlichen Alten Welt noch seitens derjenigen des fernen Ostens. Schon vor Beginn der Jungsteinzeit war zwischen den Bewohnern der Alten und der Neuen Welt jede Beziehung abgebrochen.

Die erste Besiedlung des amerikanischen Kontinents fand verhältnismäßig spät statt, gegen Ende der Altsteinzeit, zwischen 70 000 und 10 000 v. Chr. Man nimmt an, daß während der letzten Eiszeiten, der in Europa als Würm-Eiszeit bezeichneten und der Wisconsin-Eiszeit Amerikas, nomadisierende Jäger und Sammler von Sibirien nach Alaska einwanderten. Da wegen der Vereisung der arktischen und antarktischen Regionen in jener Zeit der Wasserspiegel der Meere niedriger lag als heute, gab es damals eine Landbrücke zwischen Asien und Amerika, die sich im Gebiet der heutigen Behringstraße und der Aleuten befand. Im Laufe der Jahrtausende sind dann die über diese Landbrücke eingewanderten Jäger und Sammler immer weiter nach Süden vorgedrungen. Schon mehrere Jahrtausende v. Chr. siedelten Menschen in Mesoamerika, im Amazonasbecken und im Andengebiet bis nach Feuerland.

Etwa im 11. Jahrtausend v. Chr. hatte die Erwärmung des Klimas das Ansteigen des Meeresspiegels und die Versenkung der Landbrücke zwischen Asien und Amerika zur Folge. Damit brach die Verbindung zwischen den Erdteilen ab, und die Bewohner der Neuen Welt waren auf sich gestellt. Aus der Alten Welt hatten sie nicht viel mehr als Werkzeuge aus behauenem Feuerstein mitgebracht, denn bis zu diesem Zeitpunkt hatten sie weder gelernt, Haustiere zu domestizieren noch Äcker zu bestellen. Es gab noch keine seßhaften Völker, und die großen Erfindungen wie die der Webkunst, der Töpferei, der Schrift oder der Kunst der Metallbearbeitung waren noch nicht gemacht.

Die Bewohner der Neuen Welt mußten die neolithische Revolution – so bezeichnet man den Kulturwandel, der mit dem Beginn der Nahrungserzeugung durch Haustierhaltung und dem Anbau von Kulturpflanzen einherging – ohne äußere Anregung vollziehen. Aus eigener Erfindungskraft schufen sie Kulturen, die den großen Agrarkulturen der Alten Welt absolut gleichwertig gegenüber standen.

Errungenschaften und Wissenslücken

Aufgrund der speziellen Bedingungen für die Agrarkultur der präkolumbischen Völker blieben manche in der Alten Welt verbreiteten Kulturgüter unbekannt, aber in einigen Kulturen der Neuen Welt wurden Fortschritte erzielt, die bei vergleichbaren Kulturen der Alten Welt nicht ihresgleichen finden.

Die Ackerbauern der Neuen Welt waren zum einen auf andere Pflanzen angewiesen als die der Alten Welt. Sie kannten weder Weizen, Roggen, Hafer, noch Reis. Dagegen entwickelte sich in Amerika schon sehr früh der Maisanbau, der in der Andenregion schon um 5000 v. Chr., in Mexiko um 3000 v. Chr. nachweislich bekannt war. Neben schwarzen Bohnen, Tomaten, Kürbissen und Pfefferschoten bildete der Mais die Ernährungsbasis der Maya und anderer Völker Mesoamerikas. Dazu kamen Früchte wie Papaya, Avocado, Guayava, Kakaobohne und Ananas. Frühzeitig wurden Tabak sowie Baumwolle und Maguey-Agaven angebaut, deren Fasern vielseitig verwendbar sind. Der Bast des Feigenbaums lieferte ein von den Mexikanern *amatl* genanntes Schreibpapier. Und aus den heilenden Kräften der Pflanzen wußten auch die präkolumbischen Ärzte großen Nutzen zu ziehen.

Zum anderen hielten die Bewohner der Neuen Welt weder Ziegen noch Schafe, hatten weder Rinderherden noch Zug- oder Reitpferde. Während die Bewohner des Andenhochlands außer Meerschweinchen immerhin Lamas und Alpacas domestiziert hatten, gab es bei den Völkern Mesoamerikas nur Hunde, Truthähne und Bienen sowie, je nach Region, Enten als Haustiere.

Den präkolumbischen Ackerbauern war auch der Pflug unbekannt. Als Ackergerät stand ihnen nur der einfache Grabstock zur Verfügung. Ebensowenig kannte man in der Neuen Welt das Rad. Nur an manchen altmexikanischen Spielzeugen findet man erstaunlicherweise Räder. Wie die anderen Völker der Neuen Welt fertigten auch die Maya ihre formvollendeten Gefäße ohne Töpferscheibe mittels der Wulsttechnik.

Diese überraschenden »Lücken« in der Entwicklung beweisen, daß es vom Ende der Altsteinzeit bis zum Zusammenbruch des Azteken-Reiches bei der Ankunft der vermeintlichen »weißen Götter« keinerlei Austausch zwischen der Alten und der Neuen Welt gab, daß, sollte es während der Jahrhunderte, die der Landung der Spanier in der Neuen Welt vorausgingen, episodische Kontakte mit der überseeischen Welt gegeben haben, diese jedenfalls für die präkolumbischen Kulturen folgenlos geblieben waren. Die wenigen Wikingerschiffe, die um 1000 n. Chr. an den Küsten des späteren Neuenglands gelandet sein mögen, haben die Entwicklung der einheimischen Kulturen nicht nachhaltig beeinflußt. Amerika führte tatsächlich ein Inseldasein, bevor Kolumbus den Kontinent entdeckte und Cortés im 16. Jahrhundert das Azteken-Reich eroberte. Die Präamerikaner hatten bis dahin kaum technisches Know-how und noch keine religiöse Belehrung erfahren.

Dennoch sind die Präkolumbier gegenüber den Völkern der Alten Welt keineswegs auf allen Gebieten rückständig. Einige Völker der Neuen Welt besaßen nicht nur eine eigenständige Schriftkultur, die in komplexen Glyphen Ausdruck fand, sie waren sogar ihren unbekannten Zeitgenossen in der Alten Welt auf dem Gebiet der Zeitrechnung und der Mathematik bemerkenswert weit voraus. So bedienten sie sich schon zu Beginn der christlichen Ära eines eigenen Zahlensystems. Dieses sogenannte Vigesimalsystem besitzt alle Vorzüge des Dezimalsystems, das in Europa erst im späten Mittelalter durch die Vermittlung der Araber aus Indien eingeführt wurde.

Tempel der Sonne von Palenque
Der 690 n. Chr. vollendete Sonnentempel von Palenque steht heute mitten im tropischen Regenwald. Über die vier Stufen des Sockels führt eine axiale Treppe zu einer weiteren Plattform, auf der sich der Tempel erhebt. Pfeiler gliedern die Fassade, auf dem steilen Mansardendach steht eine hohe *cresteria*, ein Zierkamm, wie man ihn auf vielen Bauten der klassischen Periode der Maya-Architektur sieht.

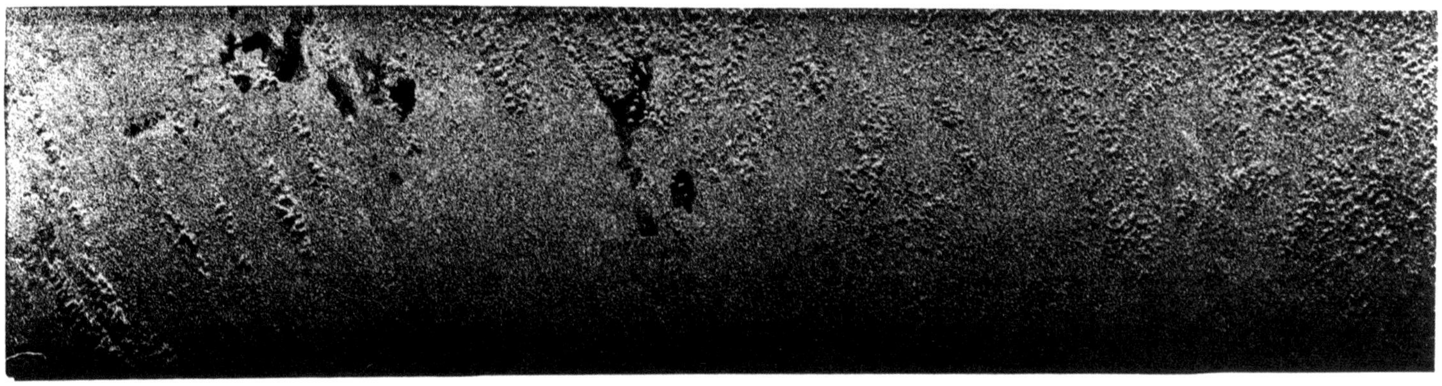

Das Vigesimalsystem legten die Maya auch bei ihrer Zeitrechnung zugrunde. Art und Umfang der berechneten Zyklen und Daten machten das Operieren mit Zahlen erforderlich. Diese Zeitrechnung der Maya beruhte auf einer Astronomie, deren Beobachtungen mittels unablässig wiederholter Berechnungen verfeinert wurden, so daß man zu jahrhundertelang gültigen mathematischen Mittelwerten gelangte. Durch die empirische Anwendung statistischer Methoden kam man zu Ergebnissen von erstaunlicher Genauigkeit. Die Maya verstanden es, die Umlaufzeiten der Gestirne auf wenige Sekunden genau zu bestimmen. Solche Leistungen, zumal im Rahmen einer Kultur, die kaum über technologische Errungenschaften, geschweige denn über Uhren verfügte, sind uneingeschränkt bewundernswert.

Radaraufnahmen von Entwässerungskanälen
Im Tiefland des Petén unterhielten die Maya ein weit verzweigtes Netz von Entwässerungskanälen. Die obere Abbildung zeigt die weiß gekennzeichneten Kanäle im Regenwald Guatemalas. Eine spezielle Aufnahmetechnik der NASA macht es möglich, unter dem Blätterdach des Urwalds die Strukturen aufzuspüren (unten).

Umweltbedingungen

Das Siedlungsgebiet der Maya lag zum einen in dem Tiefland, das sich vom Petén nach Tabasco und von Belize nach Yucatán erstreckt, zum anderen auf dem von noch aktiven Vulkanen beherrschten Hochland im Süden Guatemalas, das bis an den westlichen Rand der Republik Honduras reicht und das Staatsgebiet der Republik El Salvador einschließt. Es liegt südlich des nördlichen Wendekreises in der sogenannten Heißen Zone. In seiner Mitte befindet sich der Regenwald, dessen Wasser sich im Río Usumacinta sammelt, der heute die Grenze zwischen Mexiko und Guatemala bildet. Seine schlammigen Fluten vereinigen sich mit denen des Río Grijalva, ehe sie an der Küste von Tabasco in den Golf von Mexiko fließen.

Dieses feucht-warme Klima bot keine günstigen Voraussetzungen für den Aufbau einer Hochkultur. Die Maya der vorklassischen Epoche haben den Boden für ihre primitive Landwirtschaft mit großer Mühe urbar gemacht, indem sie ein dichtes Netz von Entwässerungskanälen anlegten, durch die der sumpfige Boden der Flußbecken für die landwirtschaftliche Nutzung hinreichend trockengelegt werden konnte. 1977–1978 entstandene Luftaufnahmen offenbarten das geometrische Muster dieser Entwässerungskanäle. Kollektive Anstrengungen dieses Umfangs setzen eine hierarchisch strukturierte Gesellschaft und eine politische Organisation

Die Welt der Maya
Karte der Region, in der sich während der ersten zehn Jahrhunderte n. Chr. die Hochkultur der Maya entwickelte. Das Gebiet umfaßt die Territorien der mexikanischen Bundesstaaten Chiapas, Campeche, Yucatán und Quintana Roo, die Republik Guatemala sowie Belize und den Westen der Republiken Honduras und El Salvador.

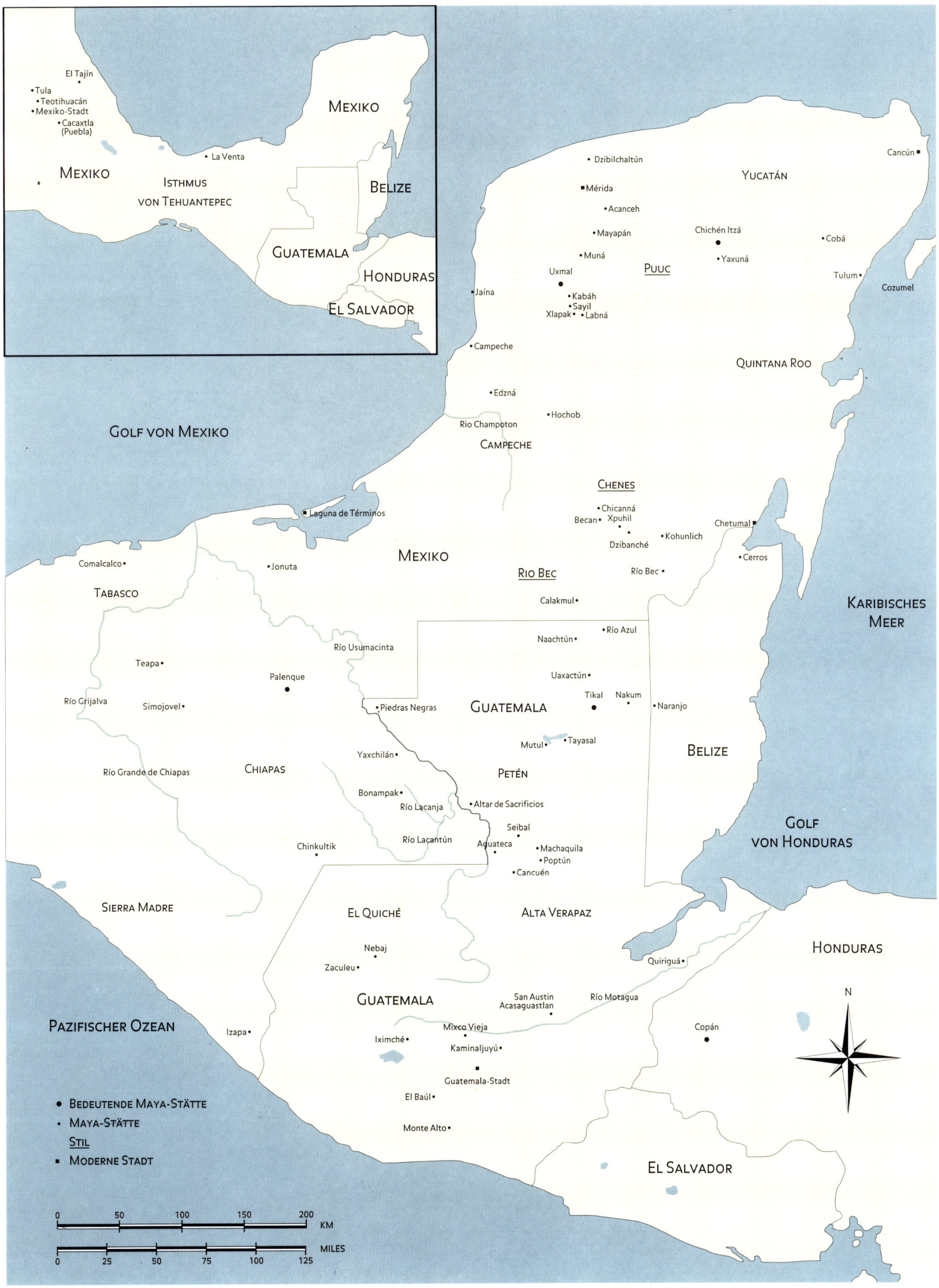
El Tajín
Tula
Teotihuacán
Mexiko-Stadt
Cacaxtla (Puebla)
La Venta
Mexiko
Isthmus von Tehuantepec
Mexiko
Belize
Guatemala
Honduras
El Salvador
Dzibilchaltún
Mérida
Acanceh
Mayapán
Chichén Itzá
Yucatán
Cancún
Cobá
Yaxuná
Muná
Uxmal
Puuc
Tulum
Cozumel
Jaína
Kabáh
Sayil
Xlapak
Labná
Campeche
Quintana Roo
Edzná
Hochob
Rio Champoton
Campeche
Golf von Mexiko
Chenes
Chicanná
Becan
Xpuhil
Laguna de Términos
Chetumal
Kohunlich
Dzibanché
Cerros
Comalcalco
Jonuta
Mexiko
Rio Bec
Río Bec
Tabasco
Calakmul
Karibisches Meer
Río Azul
Naachtún
Río Usumacinta
Teapa
Palenque
Uaxactún
Tikal
Nakum
Río Grijalva
Simojovel
Piedras Negras
Guatemala
Naranjo
Mutul
Tayasal
Belize
Yaxchilán
Río Grande de Chiapas
Chiapas
Petén
Bonampak
Río Lacanja
Altar de Sacrificios
Seibal
Golf von Honduras
Río Lacantún
Aguateca
Chinkultik
Machaquila
Poptún
Cancuén
Sierra Madre
El Quiché
Alta Verapaz
Honduras
Nebaj
Quiriguá
Zaculeu
N
Guatemala
San Austin Acasaguastlan
Río Motagua
Pazifischer Ozean
Izapa
Mixco Vieja
Copán
Iximché
Kaminaljuyú
Guatemala-Stadt
El Baúl
Monte Alto
Bedeutende Maya-Stätte
Maya-Stätte
Stil
Moderne Stadt
El Salvador
0 50 100 150 200 KM
0 25 50 75 100 125 MILES

Blick auf die Stadt Tulum
Die Stadt Tulum an der Ostküste der Halbinsel Yucatán wurde in der Spätzeit der Maya-Kultur erbaut. Mit ihren am Meer gelegenen Tempeln und Pyramiden schien sie dem Conquistador Juan de Grijalva, der 1518 vor der Landung zurückschreckte, uneinnehmbar.

voraus, deren Anfänge demnach schon vor der mittleren Periode der vorklassischen Epoche anzusetzen sind, in die Zeit von 900–300 v. Chr.

Das Siedlungsgebiet der Maya war arm an nutzbaren Mineralien. Zwar wurde hier und da Jade gefunden, und in der Nähe der Vulkane gab es Obsidian, doch Rohstoffe (Silber und Gold) für die Goldschmiedekunst kamen nirgends vor. Die Anfertigung von Waffen, Werkzeugen und Geräten aus Kupfer und Bronze war den Bewohnern der südlichen Gebiete der heutigen Staaten Kolumbien und Ecuador vorbehalten. Erst die an den Küsten des Pazifischen Ozeans nach Norden fahrenden Handelsflöße brachten den Maya gegen Ende der klassischen Epoche die ersten goldenen Kultgegenstände und Schmuckarbeiten sowie Werkzeuge aus Metall.

Entwicklung verschiedener Baustile

Dank der gelungenen Trockenlegung des erforderlichen Ackerlands konnten die Maya einen Nahrungsüberschuß produzieren. Dieser ermöglichte gegen Ende der vorklassischen Periode (300 v. Chr.–300 n. Chr.) und in der klassischen Epoche (300–900 n. Chr.) Tausende von Arbeitern für die kolossalen Bauvorhaben zu beschäftigen bzw. zu ernähren. In den großen städtischen Zentren wie Tikal, Uaxactún, Río Azul, Copan, Quiriguá, Palenque, Piedras Negras und Yaxchilán wurden wahrhaft grandiose Bauprogramme verwirklicht.

Auch nördlich dieser Zone, im Gebiet des heutigen mexikanischen Bundesstaates Quintana Roo, wurden großartige Bauten errichtet, deren Stil – nach den Fundorten der ersten entdeckten Exemplare in Río-Bec- und Chenes-Stil unterschieden – zwischen demjenigen der großen Zentren des Südens und dem der Maya-Städte Yucatáns vermittelte. Mehrere der Zentren dieser Baustile – zu nennen sind Kohunlich, Becan, Xpuhil, Dzibanché und Chicanná – sind erst vor wenigen Jahren entdeckt worden. Weiter nördlich erstreckt sich die Halbinsel Yucatán, eine nur wenig über dem Meeresspiegel gelegene Ebene. Statt des tropischen Regenwaldes findet man im Norden der Halbinsel dichten und verhältnismäßig trockenen Buschbestand, der auf Kalksteinplatten wächst, unter denen es einzig unterirdisches Wasser gibt. Ansiedlungen wurden dort in der Nähe der sogenannten *cenotes* gegründet, bei denen es sich um natürliche Brunnen handelt, die dort entstanden, wo die Kalksteinschicht über dem unterirdischen Wasserreservoir eingestürzt war. Die Bauwerke des sogenannten Puuc-Stils sind sowohl hinsichtlich ihrer Formen als auch ihres Schmucks zu den schönsten Leistungen der Maya-Baukunst zu zählen. In der Reinheit der Gesamtplanung und der technischen Strenge der Ausführung sind die Bauten, die man in Yucatán findet, unübertroffen. Diese Meisterwerke in Uxmal, Kabáh, Sayil und Labná stammen sämtlich aus der Spätzeit der klassischen Epoche zwischen 800 und 900 n. Chr.

Während der Postklassik zwischen 900 und 1200 n. Chr. machten sich in der letzten Blütezeit der bereits im Niedergang befindlichen Maya-Kultur »mexikanische« Einflüsse geltend, Einflüsse der damals auf dem Hochland von Mexiko herrschenden Kulturen. Diesen Anregungen verdankt man eine Reihe grandioser Monumente eines Mischstils, der zwischen dem der Maya-Architektur der klassischen Epoche und dem sogenannten toltekischen Stil vermittelte, dessen Erben dann die Azteken von Tenochtitlán wurden. Deren expansive Politik förderte seine weitere Verbreitung. Hauptort dieses Stils ist Chichén Itzá, er charakterisiert jedoch auch die später errichteten Bauten von Tulum an der Küste des Karibischen Meeres.

Die Maya errichteten ihre Bauten zum Ruhme ihrer Götter und Herrscher. Es ist lohnenswert, die Bedeutung, die Entstehungsgeschichte und die Gesetzmäßigkeiten dieser Monumente zu erforschen und damit die Absichten ihrer Erbauer zu erkennen. Denn in diesen Werken hat man einen Leitfaden zum Verständnis der bedeutendsten Kultur der mesoamerikanischen Welt.

Fassade des Palastes von Uxmal
Ein fast 100 m langer Steinmosaikfries schmückt die symmetrische Fassade des auf einem künstlich aufgeschütteten Sockel errichteten Palastes des Gouverneurs von Uxmal. Der Bau zeugt von der hohen Meisterschaft der Baumeister der Maya während des 9. und 10. Jahrhunderts n. Chr.

Entzifferung der Inschriften

Die Deutung dieser Schöpfungen ist erst jüngst durch bemerkenswerte Fortschritte bei der Entzifferung der Maya-Hieroglyphen erheblich bereichert worden. Dank der vereinten Bemühungen einer Reihe von herausragenden Wissenschaftlern, die seit 20 Jahren an der Lösung dieses Rätsels arbeiten, ist es uns heute möglich, einen Großteil der Inschriften an den Gebäuden, auf Stelen, Türstürzen, Basreliefs, Treppen etc. zu lesen und zu verstehen.

Freilich war man schon zu Beginn dieses Jahrhunderts imstande, die Daten der Maya-Zeitrechnung zu dechiffrieren, so die Zahlen sowie die Namen der Tage, der Monate und der größeren Zeiteinheiten. Man war auch in der Lage, astronomische Berechnungen zu verstehen. Ihr ganz aus Punkten und Balken aufgebautes Zahlensystem hatten die Maya mit mehreren früheren und zeitgenössischen Kulturen gemein, so mit den Olmeken der mexikanischen Golfküste, mit den Bewohnern des Real Alto an der Pazifikküste, mit denen von Kaminaljuyú in der Nähe der Stadt Guatemala, mit den Zapoteken von Oaxaca wie auch mit den Bewohnern von La Mojarra, auf dem Gebiet des heutigen Staates Veracruz.

Doch blieben die Inschriften über die chronologischen Angaben hinaus für die Forscher unverständlich. Nun ist es aber einigen Forschern, unter denen neben Tatiana Proskuriakoff und Heinrich Berlin vor allem der russische Linguist Jurij Knorosov zu nennen ist, sowie Linda Schele und David Stuart, gelungen, nicht nur die Bedeutung der Stadtnamen und der Symbole aufzuklären, die Geburt, Regierungsantritt, Eheschließung und ähnliches bezeichnen, sondern überdies auch Betonung und Aussprache bestimmter Silben der verschiedenen Maya-Sprechweisen zu rekonstruieren. Auf diese Weise kann man seit kurzem die Namen von Herrschern lesen und die Ereignisgeschichte der wichtigsten Dynastien zurückverfolgen.

Diese Forschungsergebnisse haben bei der Deutung der geheimnisvollen Kultur der Maya eine Änderung zur Folge gehabt, die als revolutionär bezeichnet werden

Tempel der Krieger in Chichén Itzá
Der Tempel mit der vorgelagerten Gruppe der Tausend Säulen ist die charakteristischste Schöpfung der maya-toltekischen Kultur, die im 11. und 12. Jahrhundert n. Chr. auf der Halbinsel Yucatán blühte. Während dieser Zeit ging von der Stadt Tula im Hochland von Mexiko ein starker Einfluß auf den nördlichen Teil des Maya-Gebietes aus.

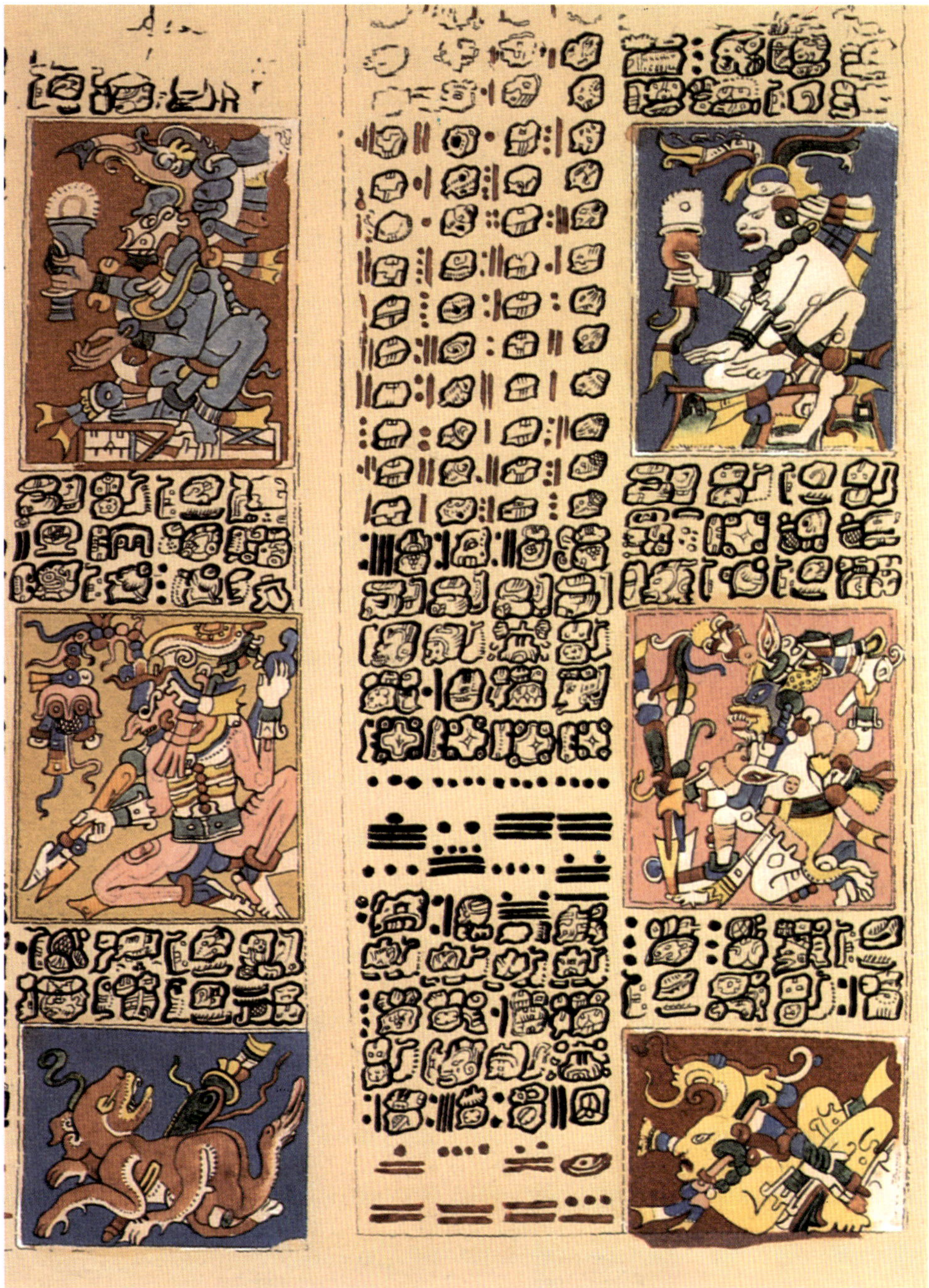

Astronomischer Codex
Der »Codex Dresdensis« aus dem 13. Jahrhundert ist ein höchst wertvolles Dokument der astronomischen Kenntnisse der Maya. Die Handschrift wurde Anfang des 19. Jahrhunderts von Gelehrten unter der Leitung Alexander von Humboldts kopiert. Heute beziehen sich die Wissenschaftler auf die Abschrift, da das Original durch die häufige Konsultation stark in Mitleidenschaft gezogen worden ist. (Dresden, Sächsische Landesbibliothek)

darf. Aus der Fülle von Zeitangaben bei allen Inschriften hatte man bisher geschlossen, daß das Volk der Maya friedliebend gewesen sei, sich in mystischen Betrachtungen ergangen und anhand eines religiösen Kalenders ein verschlusseltes System vergehender und wiederkehrender Zeitalter geschaffen hätte. Nun jedoch entdeckte man Persönlichkeiten, die den Thron bestiegen, Krieg führten, ihre Nachbarn unterwarfen und beim Ballspiel triumphieren wollten; Herrscher opferten die Besiegten in blutigen Zeremonien und ließen sich wie die Potentaten Mesopotamiens und Chinas von ihren Gattinnen und Sklaven in den Tod begleiten.

Wenn die Monumente des vorklassischen Zeitalters bisher nach dem Bild eines Kosmos gestaltet zu sein schienen, dessen zyklische Bewegung sich in ihren Formen spiegelt, gewinnen die Tempel des klassischen Zeitalters im Zusammenhang mit den entzifferten Inschriften einen neuen Sinn: Indem sie diese den Schutzgottheiten weihten, rühmten sich die Herrscher ihrer eigenen Macht. Die Pyramiden fungierten nun auch als Denkmäler glänzender Herrschaft. Sakralbauten verkörperten fortan den Machtanspruch von Dynastien, die einander gegenseitig die Herrschaft streitig machten und die Vorherrschaft anstrebten.

1

2

3

4

5

Glyphen der Maya
Die Zeichen in der oberen Reihe bedeuten:
1. Geburtsdatum
2. Thronbesteigung
3. Emblem des Fürsten »Schild-Jaguar«
4. Emblem des Fürsten »Vogel-Jaguar«
5. Präfix weiblicher Namen und Titel

(nach M. Coe)

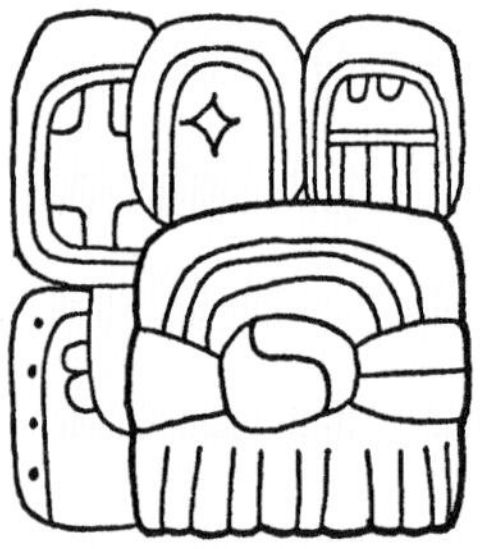
A

B

C

D

E

F

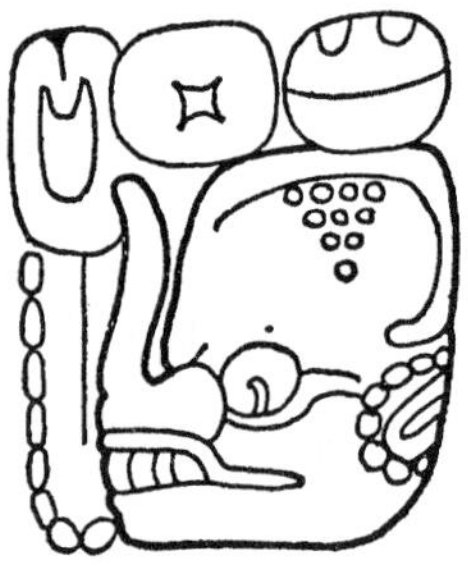
G

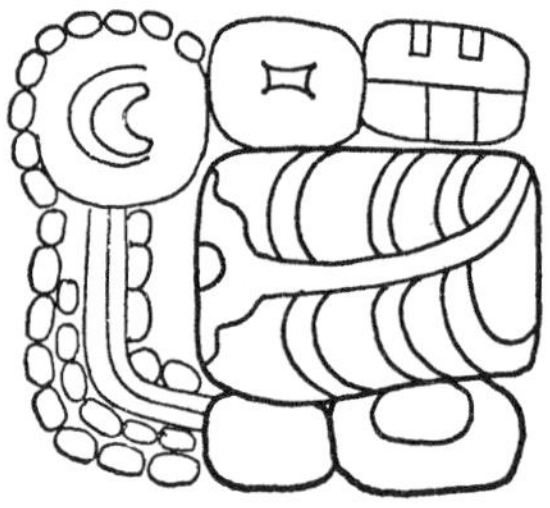
H

Glyphen verschiedener Maya-Städte
Die Emblemglyphen bezeichnen einige der bedeutendsten Maya-Städte:
A. Tikal
B. Naranjo
C. Yaxchilán
D. Piedras Negras
E. Palenque
F. Seibal
G. Copán
H. Quiriguá

(nach M. Coe)

Die Idealisierung der Maya-Kultur als eine rein pazifistische Kultur erfuhr eine Relativierung: Die Maya führten wie andere Krieg und opferten ihre Feinde den Göttern. Die Städte bekämpften einander und verbündeten sich, eine nach der anderen erhob sich selbst in den Rang einer Metropole. Die Kunst stand dort nicht nur im Dienst des Gemeinwesens, sondern mehr noch im Dienst einzelner Machthaber: Sie bezeugte den Ruhm und die Ausstrahlung des Mächtigsten der Stadt. Die Verehrung der Götter vollzog sich anhand des Herrscherkultes, einem Herrscher, dem bald göttliche Attribute zugeschrieben wurden.

Formen ästhetischen Ausdrucks

Die vorgeschichtlichen Ereignisse haben die Präkolumbier genötigt, sich ihre kulturellen Mittel und architektonischen Ausdrucksformen selbst zu schaffen. Das gilt ebenso für die fundamentalen Gesetzmäßigkeiten – Symmetrie, Rechtwinkligkeit und Axialität, die sich aus dem Körperbau der Wirbeltiere ableiten läßt – wie für spezifische Konstruktionsformen – Fensteröffnungen, Türen, Pfeiler, Säulen, Kapitelle, Friese, Gesimse, Treppen, Türstürze, Gewölbe, Dachkonstruktionen und anderes.

Die Parallelität der Erfindungen in der Neuen und der Alten Welt ist keineswegs selbstverständlich. Die zum Beispiel auf Malta entdeckten megalithischen Heiligtümer sind mit ihren ovalen Sälen und der konsequenten Mißachtung der Rechtwinkligkeit, die man doch für ein allgemein menschliches Empfinden halten könnte, gegen alle Grundregeln der klassischen Baukunst konzipiert. Auch die Baumeister der Maya hätten sich somit für Prinzipien entscheiden können, die für uns höchst fremdartig gewesen wären. Dennoch haben sie ein Konstruktionssystem entwickelt, das in vieler Hinsicht dem der Hochkulturen der Alten Welt ähnlich ist.

Die Parallelen zwischen der Architektur der Maya und der anderer Hochkulturen der Alten Welt sind sogar so augenfällig, daß die Entdecker der Städte im Südosten Mexikos und im Norden Guatemalas der Meinung waren, daß die Maya ihre Baukunst von den alten Ägyptern oder Babyloniern erlernt hätten. Noch Mitte dieses Jahrhunderts vermutete man angesichts gewisser Ähnlichkeiten zwischen Maya-Bauten und denen der Khmer in Angkor – hier wie dort findet man unter anderem Kraggewölbe, Tempel auf hohen Pyramiden mit Treppen und steinerne Balustraden – eine Beeinflussung der Maya durch transpazifische Kontakte. Die gerundeten Schäfte der Stützen bei yucatekischen Palästen ähneln formal griechischen Säulen, und die Reliefs mit rituellen Szenen erinnern an die Kunst der Pharaonen. Auch die Personendarstellungen in diesen Szenen laden zu solchen Vergleichen ein. Sehen nicht die Würdenträger auf den Basreliefs in Palenque denen, die man in den Gräbern von Memphis und Theben gefunden hat, einander verblüffend ähnlich? Hier wie dort sieht man gewöhnlich Beine und Gesichter im Profil, die Schultern aber in Frontalansicht. Vergleichbar sind auch die priesterlichen Gebärden sowie das Fehlen jeden Tiefenraumes und ebenso die Verbindung von Bild und hieroglyphischer Inschrift.

Die Präkolumbier haben weder das Rad noch die Töpferscheibe erfunden, wohl aber, ebenso wie ihre Zeitgenossen in der Alten Welt, die großen Kompositionsgesetze für Städtebau und Architektur. Sie haben es verstanden, Außenräume zu gliedern, Baukörper und Raum sowie Gebäude und Plätze miteinander in Beziehung zu setzen und die horizontalen Massen der Paläste mit den vertikalen Akzenten der Pyramiden zu verbinden. Sie legten Terrassen und Plätze an, um die verschiedenen Ebenen ihrer Bauten zu modulieren, komponierten Skulpturengruppen und führten Prozessionsstraßen durch Triumphbögen.

Die Architektur der Maya ist das Zeugnis einer außerordentlichen Kultur, die dieses Volk im ständigen Kampf gegen die oft feindliche Natur im tropischen Urwald begründete.

Formensprache der Maya-Architektur

Techniken und Gesetze der Baumeister

Seite 19
Das Ballspiel der Maya
Diese Steinplatte von 55 cm Durchmesser diente als Ziel auf einem bei Chinkultik in Chiapas ausgegrabenen Ballspielplatz. Das Relief wird auf das Jahr 590 n. Chr. datiert. Es zeigt den knienden Spieler mit einem Schutzgürtel und festlichem Kopfputz. Vor ihm erblickt man den stark vergrößerten Ball, mit dem das sakrale Ballspiel nicht allein bei den Maya, sondern in ganz Mesoamerika bestritten wurde. (Mexiko-Stadt, Museo Nacional de Antropología)

In der Geschichte der präkolumbischen Architektur nehmen die Schöpfungen der Maya eine Sonderstellung ein. Die Maya, deren Kultur zu den bedeutendsten Mesoamerikas gehört, haben Bauten errichtet, die sich von den Schöpfungen aller anderen Völker der Neuen Welt unterscheiden. Sie verstanden sich auf die Technik des Kraggewölbes, auch »falsches Gewölbe« genannt. Die Decken ihrer Gebäude waren durch die Verwendung eines mit Kies gemischten Mörtels, der einen fast monolithischen Beton bildete, sehr haltbar. Deshalb haben die Bauten der Maya den Verwüstungen durch die Zeit, die Natur und die Menschen besser standgehalten als diejenigen anderer Völker, und so findet man noch heute unversehrte Innenräume, in denen man den Absichten und Vorstellungen ihrer Erbauer nachspüren kann.

In der Tat geben die Bauten der Maya wesentliche Auskünfte über Kultur und Lebensweise dieser Stämme, die den großen Wald des Petén und die Flußebene des Río Usumacinta bewohnten. Mit Skulpturen, Gemälden und Inschriften ausgestattet, ist die Architektur der Maya nicht nur Zeugnis ihrer Stadtplanung, sondern auch Ausdruck ihrer religiösen Vorstellungen und der politischen Verfassung.

Es gilt deshalb, diese Kunst aus dem Denken der Bewohner der Neuen Welt im allgemeinen und der Maya im besonderen zu verstehen. Zwar meint man, auf den ersten Blick eine Verwandtschaft zwischen der Architektur der Maya und der Architektur Ägyptens, Mesopotamiens, Griechenlands und Angkors zu erkennen, doch die oberflächliche Ähnlichkeit täuscht. Denn sie beruht nicht auf einem gemeinsamen Kulturerbe. Die Kultur der Präkolumbier oder Präamerikaner ist die Schöpfung der Völker, deren Ahnen noch vor Beginn der Jungsteinzeit über die Behringstraße in die damals noch unbewohnte Neue Welt auswanderten. Man hatte Traditionen der Baukunst – ästhetische Vorstellungen ebensowenig wie technische Fertigkeiten – nicht mitbringen können, weil es sie in der Alten Welt noch nicht gab.

Von der Hütte zur Pyramide

Die Keimzelle der Maya-Architektur ist die Hütte mit Wänden aus Reisiggeflecht, gestampfter Erde und hölzernem Dachstuhl, der mit Palmstroh gedeckt ist. Je eine Familie bewohnte ein oder zwei solcher, dem tropischen Klima angepaßten Hütten. Die zweite Hütte, soweit sie vorhanden war, wurde meist parallel zur ersten plaziert. Jede dieser Behausungen hatte nur einen Innenraum, der durch eine rechteckige Tür an einer der Längsseiten des Gebäudes erhellt wurde. Oft gab es zur Verbesserung der Belüftung des Innenraums einander gegenüberliegende Türen an beiden Längsseiten.

Der Grundriß der Hütten ist manchmal rechteckig, häufig jedoch oval, mit abgerundeten Schmalseiten, die den beiden Enden des Daches eine kegelförmige Rundung verleihen. Dieser Typus der Behausung, der in den Dörfern Yucatáns noch heute gebräuchlich ist, hat sich seit der Frühzeit der Maya-Kultur, im Laufe von annähernd drei Jahrtausenden, kaum verändert.

Terrakottakopf
Der ausdrucksstarke, kleine Terrakottakopf, 8,5 cm hoch, ein Werk der spätklassischen Periode (7.–8. Jahrhundert n. Chr.), zeigt das Antlitz eines Mannes, das sich durch den über die Stirn bis zum Haaransatz fortgesetzten Nasenrücken auszeichnet. Der weit geöffnete Mund entblößt die Zähne; die großen, stark betonten Augen wirken expressionistisch. (Barcelona, Museo Barbier-Mueller)

Diese bescheidenen Bauten aus vergänglichen Materialien sind von besonderem Interesse, weil sie den Archetypus jeder Maya-Architektur verkörpern. Das zeigt sich bei der Steinarchitektur sowohl in der äußeren Erscheinungsform – etwa bei den nach zwei Seiten geschrägten Dächern – als auch bei der Gestaltung der Innenräume. Die Untersuchung der alten Gebäude bestätigt, daß auch in den Einzelheiten die in dauerhaftem Material errichteten Bauten im wesentlichen nur »Versteinerungen« der primitiven Hütte sind. Die Innenräume der Paläste und der auf der Höhe der Pyramiden errichteten Tempel gleichen denen der Hütten. Das Latten- und Flechtwerk der Hüttenwände kehrt in der Dekoration der Palastfassaden wieder: Die Rundung der Gesimse und der Rhythmus der großen ornamentalen Friese der steinernen Bauten erinnern an das Muster der über Strohbüscheln um die Hütte geschlungenen Lianen. Das Innere der Paläste und Tempel betrat man durch eine rechteckige Tür mit hölzernem Türsturz, die ganz denjenigen der Hütten gleicht.

So, wie die Maya im Flachland ihre Hütten auf einen kleinen Sockel aus gestampfter Erde zu stellen pflegten, um sich vor den in der Regenzeit häufigen Überschwemmungen zu schützen, errichteten sie ihre steinernen Bauten ebenfalls auf Plattformen, die immer höher und umfangreicher aufgetürmt wurden. Oft geschah

Kraggewölbe
Die Zerstörung der Vorderseite dieses Raumes eines Gebäudes in Copán offenbart die charakteristische Gewölbetechnik der Maya-Baumeister, die keine echten Gewölbe, sondern sogenannte »falsche« oder Kraggewölbe verwendeten. Aus Steinlagen errichtet, die jeweils von den parallelen Wänden ausgehend bei jeder neuen Lage etwas über die untere hervorragen, bis sie sich in der Längsachse des Raumes treffen, ermöglicht diese Gewölbetechnik die Überdachung schmaler Räume.

Maya-Hütte
Seit Jahrtausenden ist die Hütte der traditionelle Wohnraum der Bevölkerung Yucatáns. Mit Rankengeflecht stabilisierte Palisaden bilden die Wände, das Dach wird mit Palmstroh gedeckt. Die Hütte besitzt lediglich eine Tür, die sich stets in der Mitte der vorderen Längsseite befindet.

Seite 22 rechts
Betoniertes Gewölbe
Bei den Bauten des sogenannten Puuc-Stils in Yucatán findet man eine weitere Gewölbetechnik. Die Steinverkleidung des Gewölbes hat hier als Verschalung gedient, über die der Beton gegossen wurde. Diese Konstruktionsweise ermöglichte die Überwölbung großer Räume. Die Baumeister konnten es so auch wagen, ein derart massives Gewölbe statt auf einer dicken Wand auf niedrigen Pfeilern ruhen zu lassen.

dies im Laufe vieler Jahre, wenn den ursprünglich auf der Plattform errichteten Bauten neue hinzugefügt oder die alten durch neue überbaut wurden. Diese stetige Vergrößerung der Sockel erreichte in der klassischen Epoche kolossale Ausmaße. Trotzdem war das Prinzip dieser mauergefaßten künstlichen Berge das Erdhäufchen, auf das die Maya von jeher ihre Hütte stellten.

Als die Stämme während der formativen Epoche der Maya-Kultur – zwischen 2000 und 1000 v. Chr. – ihren kosmischen Gottheiten die ersten Kultstätten errichteten, dienten die eigenen Behausungen als Vorbild: Wände aus Reisigflechtwerk und gestampfter Erde, mit Palmstroh gedeckt. Doch bereits diese ersten Heiligtümer unterschieden sich von den Wohnungen der Menschen durch die Höhe der Plattformen, auf die man sie stellte. Diese im Lauf der Jahrhunderte immer höher aufgeschichteten Terrassen sind die Basis der steinernen Pyramiden und Tempel, auf denen die Gotteshäuser der klassischen Epoche stehen.

Dieser Brauch, neue Plattformen über die alten zu setzen, um die Cella für die Kultrituale mehr und mehr zu erhöhen, hatte zwei Konsequenzen: Er nötigte die Baumeister, vor dem Eingang des Tempels eine vom Boden zur oberen Plattform hinaufführende Treppe anzulegen, und er bestätigte ein fundamentales Prinzip der präkolumbischen Kultur, das Prinzip der fortschreitenden Überbauung.

Dieses Prinzip, demgemäß neue Kultstätten über alten errichtet und ältere Pyramiden größer und breiter überbaut wurden, wurde stets befolgt. Aus ihm erklärt sich der Gigantismus einiger dieser Pyramiden, die bis zu 70 m hoch sind. Die Überbauung ist das spezifische System architektonischen Wachstums dieser Kulturregion. Daher erklärt sich auch, weshalb der Archäologe unter den Ruinen eines Gebäudes gewöhnlich einen vollkommen erhaltenen älteren Zustand des Bauwerkes findet.

Oben

Inneres einer Maya-Hütte

Über den mit Lehm verkleideten und weiß gekalkten Flechtwänden erblickt man die Unterseite der Dachkonstruktion. Diese Art der Dachkonstruktion wurde von den Baumeistern, die die Paläste der Fürsten des klassischen Zeitalters errichteten, mittels der »falschen Gewölbe« nachgeahmt.

Unten links

Maya-Hütte

Der Grundriß der Maya-Hütte ist in Yucatán häufig oval. Der weiß gekalkte Lehm, mit dem das Flechtwerk der Wände verputzt wird, hält den oft heftigen Wolkenbrüchen der Regenzeit nicht lange stand und muß regelmäßig erneuert werden.

Unten rechts

Auf- und Grundriß einer traditionellen Maya-Hütte

Die Innenräume der steinernen Paläste der Würdenträger im klassischen Zeitalter sind unverkennbar denen der Hütte nachgebildet.

Der Palast

In der Steinarchitektur der Maya gibt es zwei große Gebäudetypen: einerseits die Tempelpyramide, die oft das Ergebnis wiederholter Überbauungen ist, so daß die Priester den Göttern auf den steilen Treppen, die zur Plattform des Tempels hinaufführten, im Laufe der Jahrhunderte immer näherkamen, andererseits ein langgestreckter und verhältnismäßig niedriger Bau, der von den Spaniern als »Palast« bezeichnet wird.

Dieser architektonische Gegensatz von hohen und flachen Gebäuden entspricht der Auffassung von der Gegensätzlichkeit von Göttern und Menschen. In den steinernen Palästen wohnten jedoch gewiß nur die Mächtigen – Könige, Priester, Krieger und Gelehrte –, während die einfacheren Leute – zum Beispiel Maisbauern – in den einräumigen Hütten aus vergänglichem Material lebten.

Relief an einem Gebäude des Vierecks der Nonnen in Uxmal
Ein Relieffries über dem Eingang zu einem der Bauten des Vierecks der Nonnen in Uxmal zeigt eine Darstellung der traditionellen Hütte, über deren Dach sich eine emblematische doppelköpfige Schlange windet.

Fassadenrelief
Hüttendarstellungen sieht man häufig auf Relieffriesen an den Fassaden der Paläste Yucatáns. Sie weisen darauf hin, daß auch die steinernen Kammern der Paläste, die am Ende der klassischen Periode in Yucatán errichtet wurden, den Archetyp des Wohnraumes der Maya verkörpern.

Die Innnenräume der Wohnhäuser der Götter und vornehmer Menschen sind keineswegs so verschieden wie die äußere Erscheinung der hochragenden Pyramiden und der breitgelagerten Paläste vermuten läßt. Die Cella einer Tempelpyramide und die Kammer eines Palastes gleichen einander, denn hier wie dort befindet man sich gewissermaßen in einer »versteinerten« Hütte. Die Räume haben dieselben bescheidenen Dimensionen, und das falsche Gewölbe ist der Unterseite des Hüttendaches nachempfunden. In der Betonarchitektur der Maya sind also – im Tempel wie im Palast – die gleichen einfachen Formen verwendet.

Unterschiedlich ist allein die Anordnung der Kammern in den Tempeln und Palästen. Die Cella des Tempels steht meist allein; manchmal liegt hinter der ersten Kammer parallel zu dieser noch eine zweite, die durch eine Tür in der Mitte der Trennwand zu betreten ist. Bei einigen der großen Tempel in Tikal folgt hinter der zweiten Kammer sogar noch ein dritter dunkler und geheimnisvoller Kultraum, so daß man dort drei Kammern an den Breitseiten zu einer Flucht angeordnet findet. In den Palästen dagegen liegen oft zahlreiche Kammern nebeneinander ohne seitliche Verbindungstüren. Hinter der ersten Reihe schließt sich gewöhnlich noch eine zweite an, deren Räume durch Türen in den Kammerrückwänden zugänglich sind. Da sie das Tageslicht nur durch die Türöffnungen der vorderen empfangen, ist es in den Räumen sehr dunkel.

Nach diesem Prinzip haben die Maya Gebäude von mehreren hundert Metern Länge errichtet, deren zahlreiche Innenräume sehr unterschiedlich und auf originelle Weise geometrisch angeordnet sind. Die Phantasie der Baumeister hat den Grundriß dieser sogenannten Paläste unendlich zu variieren gewußt. Die größten erreichen eine Fassadenlänge von 100 m und haben zwischen 20 und 30 Kammern, die zu 10 bis 15 voneinander unabhängigen »Apartments« gruppiert sind. Manch-

Palastfassade in Uxmal
Die Fassade des Westbaus des Vierecks der Nonnen in Uxmal ist ein Beispiel für den Stil der Paläste, die in Yucatán für hohe Würdenträger, Priester und Fürsten errichtet wurden. Die strengen Linien der Architektur umrahmen einen Relieffries, dessen bewegte Formen als Geflecht von religiösen Symbolen zu entziffern sind.

Seite 27
Die restaurierten Pyramiden von Tikal
Die jahrhundertelang im Regenwald verborgenen Bauten der bedeutenden Maya-Stadt in Guatemala sind aufwendig restauriert worden. Der im Vordergrund sichtbare Tempel I in Tikal auf einer sehr hohen und steilen Pyramide wird von einem Dachkamm überragt, womit die Höhe des gesamten Bauwerkes mehr als 45 m beträgt.

mal enthalten diese Bauten auch einen größeren, zentral gelegenen Saal, in dem wahrscheinlich Ratsversammlungen stattfanden oder höfische Rituale abgehalten wurden, so zum Beispiel im Palast des Gouverneurs in Uxmal.

Diese »Wohneinheiten« sind unterschiedlich gestaltet. Es gibt den einfachen Langbau auf einer Plattform; manchmal werden zwei oder sogar drei derartige Langbauten in Etagen übereinander gesetzt, oft so, daß das obere Stockwerk etwas zurückgesetzt ist. Anderswo sieht man vier derartige Gebäudetrakte um einen großen Innenhof zu einem Viereck gruppiert. Der Palasttrakt ist also eines der horizontalen Grundelemente der Stadtplanung, neben dem vertikalen Element der Pyramiden oder Türme.

Der Ballspielplatz

Ein weiteres charakteristisches Element des mesoamerikanischen Städtebaus ist der Ballspielplatz. Das Ballspiel war bei den Völkern, die das Gebiet zwischen den Wäldern des Petén und den mexikanischen Hochebenen bewohnten, schon sehr lange beliebt. Die Olmeken haben einen Platz für ein solches Ballspiel bereits um das Jahr 1000 v. Chr. angelegt. In präkolumbischer Zeit traten zwei Mannschaften gegeneinander an und spielten nach höchst komplizierten Regeln. Der Ball bestand aus Gummi und konnte bis zu 3 kg schwer sein; in der Regel hatte er jedoch ein Gewicht von 1,5 kg. Bei diesem Spiel war es verboten, den Ball mit den Händen oder Füßen zu berühren: Der Ball mußte vielmehr von den Spielern mit dem Oberkörper und der Hüfte gestoßen werden. Die Spieler trugen einen dicken, breiten Hüftgürtel, der mit Holz versteift, mit Baumwolle ausgestopft und mit Stoff überzogen war. Es galt, den Ball durch eines der »Tore« zu stoßen, die oft als große Steinringe in der Mitte der Seitenwände des Spielfeldes angebracht waren. Das Spiel endete manchmal mit der Opferung der Besiegten in einem Ritual, das sich auf Kalender und Gestirnzyklen bezog.

Konstruktion der Paläste
Dieser Schnitt durch ein Gebäude des Puuc-Stils zeigt die bei den öffentlichen und privaten Palasträumen angewandte Bautechnik: Die Mauern bestehen aus Beton, der in eine als Verschalung dienende Wandverkleidung aus geglätteten und sorgfältig gefugten Steinen gegossen wird. Für die Stabilität zwischen Beton und den Steinplatten der Verschalung sorgen Zapfen an der Innenseite der Platten.

In architektonischer Hinsicht präsentiert sich der Ballspielplatz als langgestrecktes Feld, das seitlich von mehr oder weniger geneigten, gemauerten Böschungen sowie von senkrechten Mauern eingefaßt ist. An den beiden Spielfeldenden waren zwei kleinere Felder quer zu diesem angeordnet, so daß der Grundriß der Anlage etwa die Gestalt der römischen Ziffer I hatte.

Die Bedeutung dieser Ballspielplätze im Rahmen der städtebaulichen Ensembles der großen Maya-Kultzentren darf schon deshalb nicht unterschätzt werden, weil es sich bei diesem Spiel nicht um bloßen Zeitvertreib, sondern um ein religiöses Ritual handelte.

Es gibt freilich noch verschiedene andere Gebäudetypen in den Städten der Maya, so etwa Observatorien, Dampfbäder und Opferplattformen. Als städtebauliche Akzente fungierten auch die auf den öffentlichen Plätzen errichteten Stelen und die unter freiem Himmel aufgestellten Altäre. Es ist bemerkenswert, daß die Maya, die den Gebrauch des Rades nicht kannten, also keine Karren hatten und auch nicht über Last- oder Reittiere verfügten, zwischen ihren Städten lange, gerade, befestigte und auf Dämmen geführte Straßen angelegt haben, die *sacbeob* oder »weißen Wege«. Die längste bekannte Maya-Straße verband die etwa 100 km voneinander entfernten Orte Cobá und Yaxuná im Norden der Halbinsel Yucatán. Man hat dort auch Reste einer steinernen Walze gefunden, die offenbar beim Bau dieser Straße verwendet wurde. Wahrscheinlich dienten diese Wege vor allem religiösen Prozessionen und staatlicher Prachtentfaltung.

Konstruktionstechniken

Im Siedlungsgebiet der Maya fehlte es weder an Stein noch an Holz. Der Regenwald lieferte ihnen Mahagoni- und Zapoteholz, aus dem sie die Türstürze und die skulptierte Täfelung im Tempelinneren fertigten.

Was den Stein betrifft, so findet man im Karstboden Yucatáns einen schönen

Ballspielplatz in Copán
Das Spielfeld, auf dem die Spieler gegeneinander antraten, besteht aus dem schmalen Streifen zwischen den geböschten Plattformen, auf denen man die Reste von Bauten erkennt, die vermutlich der Obrigkeit der Stadt Copán als Tribünen dienten. Das Spiel mit dem schweren Gummiball hatte für die Maya – wie die Olympischen Spiele für die Griechen – eine religiöse Bedeutung.

Kalkstein, teils weiß, teils rosa oder grau gefärbt, der leicht zu behauen ist. In den gebirgigen und vulkanischen Gegenden bediente man sich des Trachyts, des Basalts oder des Tuffs.

Doch ehe man daran denken konnte, die Wände von Gebäuden hochzuziehen, mußte man den Unterbau anlegen. Diese Sockel erreichten oft beträchtliche Höhen. Manche Plattformen sind zwischen 150 und 200 m lang, zwischen 10 und 150 m breit und 8 bis 10 m hoch, was einem Volumen von 200 000 bis 250 000 m^3 entspricht. Für die Anlage eines derartig dreidimensionierten Sockels mußten also annähernd 500 000 Tonnen Baumaterial bewegt werden, so zum Beispiel in der Ebene von Uxmal zur Errichtung eines einzigen Gebäudes.

Doch bei der Anlage von Terrassen und Akropolen haben die Maya noch weit größere Materialmassen bewegt. Dies geschah vor allem in Copán. Hunderte, ja Tausende von Menschen müssen bei diesen ungeheuren Erdarbeiten beschäftigt gewesen sein. Sie wurden während der Trockenzeit, wenn in der Landwirtschaft die Arbeit ruhte, zum Frondienst eingezogen. Selbst wenn das Baumaterial vor Ort vorhanden war und nicht über weite Strecken transportiert werden mußte, machten die Baustellen der Paläste und Tempel eine erhebliche Infrastruktur erforderlich, sowohl hinsichtlich der Verpflegung der Arbeiter als auch im Hinblick auf die Organisation der Arbeitsabläufe.

Die Technik der eigentlichen Maurerarbeiten war komplexer. Anfänglich bauten die Maya Mauern aus behauenen Steinen und echte Kraggewölbe. Dann, als sie lernten, Beton zu gebrauchen, betonierten sie die Decken der Räume massiv. Die behauenen Steine des scheinbaren Kraggewölbes fungierten dabei dann nur noch als Schalung, auf die der Beton gegossen wurde. Die Baumeister verstanden es, die Steine der Verkleidung so sorgfältig zu fügen, daß diese die Last des mit Kies vermischten, flüssigen Betons tragen konnten und eine Holzschalung nicht erforderlich war. Bei der Errichtung der Einfassungsmauern wurde der Beton in Schichten gegossen, die man fest werden ließ, ehe man die jeweils nächste goß.

Zur Herstellung dieses Betons bedurfte es eines guten Mörtels. Diesen konnten die Maya, gerade in Yucatán, wo Kalkstein reichlich vorhanden war, leicht beschaffen. Man brannte Kalk, indem man zerstoßene Kalkblöcke auf einen großen Stapel Knüppelholz legte und diesen anzündete. Die Ausbeute an ungelöschtem Kalk war bei diesem Verfahren gering, der Holzverbrauch jedoch erheblich. Man vermutet darin eine der Ursachen für das gänzliche Verschwinden des Urwaldes im Norden Yucatáns, der heute von niedrigem, dichtem Busch bedeckt ist, denn die Maya waren nie auf die Idee gekommen, Kalk in Öfen zu brennen.

Den Transport der Monolithen, die in den Städten der Maya als Stelen skulptiert und aufgestellt wurden und von denen manche mehrere Tonnen wogen und beachtliche Maße hatten – eine der in Quirigua aufgestellten Stelen ist mehr als 10 m hoch –, bewerkstelligten die Maya, vergleichbar mit den Ägyptern, mit Hilfe von Seilen, Rollen oder Schlitten, die die Arbeiter über ein mit feuchtem Ton belegtes Wegbett gleiten ließen.

Schmuckelemente

Bei den Maya waren die Schmuckelemente integraler Bestandteil der Architektur. Das ist schon an der Tatsache zu erkennen, daß bei der Betonbauweise die Blendmauern aus behauenem und oft mit Reliefschmuck versehenem Stein beim Betongießen als Veschalung dienten und daher eine konstruktive Funktion haben. Vor allem bei den Bauten des Puuc-Stils setzte sich die plastische Dekoration der Blendmauern oft aus standardisierten Elementen zusammen, aus Hunderten von gleich skulptierten Steinen, die dann Reihen sich wiederholender Masken und anderer Schmuckmotive bilden. Diese Serienproduktion ist eine der eigentümlichsten Errungenschaften der Maya-Bautechnik.

Während der Frühzeit allerdings wurden die geneigten Seiten der Pyramiden mit Schmuckformen aus Stuck im Hochrelief versehen. So findet man bei einer Reihe von Bauten der präklassischen Epoche die einzelnen Stufen, mit riesigen Götter-

Tempelfassade in Kohunlich
Einige Pyramiden im Zentrum des Maya-Gebietes sind mit Stuckreliefs geschmückt, in denen man die Gesichter von Gottheiten – oder von Herrschern, die diese Gottheiten repräsentierten – erkennen kann. Der Tempel von Kohunlich in der Río-Bec-Region steht auf einem dreistufigen Unterbau. Beiderseits der Treppe, die zur oberen Plattform hinaufführt, sind auf jeder Stufe große Göttermasken angebracht. Ursprünglich waren diese Masken polychrom gefaßt.

Palast der Masken in Kabáh
Die Fassade des Codz Poop, des Palastes der Masken, in Kabáh in Yucatán ist großflächig mit gleichförmig sich wiederholenden, grotesken Masken des Regengottes Chac bedeckt, deren auffälligste Eigenheit die rüsselartige Nase ist.

masken bedeckt, so bei einer Pyramide in Uaxactún (Bau H-Sub 3) unweit der Stadt Tikal im Petén, desgleichen bei dem ersten Tempel von Cerros (Bau 5 C-2) in Belize und bei der Pyramide der Sonnenmasken von Kohunlich in Quintana Roo. Dieser ursprünglich polychrome Stuckdekor wurde auf einem Gerüst aus Mauerwerk befestigt. Steinvorsprünge stützten die vorspringenden Teile der Stuckfassade, wie etwa die Nasen oder Kopfbedeckungen der Göttermasken. Bei den Gebäuden des Chenes-Stils, nördlich der Grenze des Petén in Yucatán, ist die gesamte Fassade skulptiert und stellt eine einzige Maske dar. Das Maul des kosmischen Ungeheuers, mit einer Reihe vorspringender Zähne, bildet die Tür des Heiligtums, so beim Bau 2 in Chicanná in Campeche, doch auch beim Tempel IV nördlich der Pyramide des Wahrsagers in Uxmal und anderenorts. Ein derartiger Dekor verwandelt die Wand in Skulptur und hebt die Grenzen zwischen Architektur und Dekor auf. Das Gebäude wird in ein Schlangenmaul verwandelt, das denjenigen, der sich ihm nähert, zu verschlingen droht. Die Wirkung dieses symbolischen Motivs ist äußerst packend und zeugt von der Meisterschaft des Architekten und des Bildhauers, die es gemeinsam hervorbrachten.

Unter den faszinierenden Schmuckelementen der Maya-Baukunst wird man die Fassade des Codz Poop (Palast der Masken) in Kabáh, verziert mit drei übereinanderliegenden Reihen von je 34 Masken des Regengottes Chac, nicht unbeachtet lassen dürfen. Der aus höchst stilisierten und standardisierten Elementen zusammengesetzte Bauschmuck ist charakteristisch für den Puuc-Stil. Östlich einer der Kabáh-Paläste haben die Archäologen kürzlich mehrere vollplastisch ausgebildete

Figuren ausgegraben. Diese lebensgroßen symbolischen Gestalten standen ursprünglich an einer nach Osten gewandten Fassade des Gebäudes und haben dort ihren Platz nunmehr wieder eingenommen. Sie zeugen von dem bemerkenswerten plastischen Darstellungsvermögen und sind mit der Architektur so organisch verbunden wie die Giebelskulpturen an griechischen Tempeln.

Auch in der Malerei leisteten die Maya Beachtliches. Obwohl man dies anhand der wenigen erhaltenen Bilderhandschriften und der bemalten Keramik schon früh voraussetzen durfte, erhielt man Gewißheit, als 1946 die Stätte von Bonampak in Chiapas entdeckt wurde. Hier befindet sich das vollständigste Ensemble von Maya-Monumentalmalerei aus dem Jahre 792 n. Chr., die die Wände dreier Räume in einem kleinen Palast bedecken. Die Fresken zeugen von der großen Bedeutung, die die Polychromie für die Maya hatte. Leider ist die ursprüngliche Farbenpracht inzwischen weitgehend der Feuchtigkeit zum Opfer gefallen, und die Wandmalereien sind vollständig nur zusammen mit den angefertigten Kopien zu betrachten. Sehr bemerkenswert ist die zeichnerische Darstellung der Szenen, die die Menschen, zwar stereotyp, doch nicht starr, sondern in sehr treffender, natürlicher Bewegung zeigt. Insbesondere die Wiedergabe von Gefangenen, die zur Opferung die Stufen einer Pyramide hinaufgeführt werden, zeugt vom Können des Malers, der auch das prächtige Kostüm und den Schmuck des Herrschers und seines Gefolges bis in die kleinsten Einzelheiten genau wiedergegeben hat.

Das Äußere der Gebäude, teilweise mit leuchtenden Wandgemälden geschmückt, war ursprünglich ebenfalls vielfarbig. Die Farben wurden auf eine Schicht von Kalkmilch aufgetragen. Bezeugt wird dies von den ersten Reisenden, die Palenque besuchten, und hier und da finden sich an den Fassaden der Pyramiden und Paläste noch heute die Spuren von Pigmenten eines leuchtenden orangerot.

Opfergaben für die Gottheiten
Die Malerei auf diesem in der Alta Verapaz gefundenen Gefäß zeigt einen knienden Priester mit prächtigem Federschmuck, der vor dem Heiligtum eines Gottes Gaben darbringt. (Guatemala-Stadt, Museo Popol Vuh)

Palast in Bonampak
Die Wandmalereien im Palast von Bonampak (Chiapas) wurden 1946 von amerikanischen Forschern entdeckt. Die Originale dieser gegen Ende des 8. Jahrhunderts n. Chr. geschaffenen Wandmalereien sind durch die Feuchtigkeit im Laufe von 50 Jahren fast völlig zerstört worden. Die Abbildung zeigt die im Nationalmuseum für Anthropologie in Mexiko ausgestellte Kopie des Palastes und seiner bemalten Wände.

Kopf eines Würdenträgers
Der in Stuck ausgeführte Kopf mit klaren Zügen und fleischigen, halb geöffneten Lippen stellt eine wie in einen Traum versunkene Persönlichkeit dar. Mit seinem steilen, bis an den Haaransatz verlängertem Nasenrücken verkörpert diese Skulptur das Schönheitsideal der Maya. (Oaxaca, Museo Rufino Tamayo)

Seite 32 unten
Tempelfassade in Chicanná
Die im Chenes-Stil gestaltete Fassade des Hauptgebäudes von Chicanná im Staat Campeche zeigt das Gesicht des Gottes Itzamná, des Schöpfers der Welt, der dort verehrt wurde. Die Tür stellt ein riesiges Maul dar, von langen Zähnen gerahmt, darüber sind die stilisierten Augen zu erkennen.

Die grossen Städte der klassischen Epoche

Tikal – Metropole im Regenwald

Seite 35
Begräbnismaske
Diese am Río Azul gefundene, 20 cm hohe Begräbnismaske aus grünem Fuchsit ist mit Augen in Form von Schneckenhäusern und einer dreieckigen Zunge ausgestattet, wie sie charakteristisch für die Darstellungen des Gottes ist, den die Gelehrten als G 1 bezeichnet haben. Dieser Gott gilt als das Wesen der Sonne der Nacht. Die in flachem Relief ausgeführten Ornamente, die das Gesicht überziehen, zeigen Spuren von zinnoberrot. (Barcelona, Museo Barbier-Mueller)

Die Entstehung der großen Maya-Städte vollzog sich langsam und begann gegen Ende der präklassischen Epoche zwischen 200 und 100 v. Chr. Die ersten Kult- und Machtzentren sind jedoch weit früher entstanden: Schon um 1200 oder 1000 v. Chr. haben die Olmeken an der mexikanischen Golfküste Zeremonialzentren angelegt, Gebäudekomplexe, zu denen stets eine Pyramide und ein Ballspielplatz gehörten.

Die Reste einer solchen Anlage hat man bei La Venta in Tabasco ausgegraben: eine kegelförmige Pyramide, die bei einem Durchmesser von 125 m und einer Höhe von 31,5 m annähernd 20 000 Tonnen Erde und Stein faßt, sowie ein von zwei parallelen Erdböschungen eingefaßtes, 8 m langes Spielfeld. Am nördlichen Ende dieses Ensembles befindet sich ein rechteckiger Platz. Die drei Elemente – Pyramide, Ballspielplatz und Viereck – liegen auf einer Achse in der Inselmitte eines Nebenflusses des Río Tonalá. Zu der Anlage gehören überdies eine Reihe von Tumuli und monolithische Skulpturen. Bei letzteren handelt es sich teils um gewaltige Stelen und Altäre, teils um Skulpturen riesiger Köpfe, Kolossalköpfe, die mit runden Helmkappen ausgestattet sind, die vielleicht die Kopfbedeckung der Ballspieler darstellt. Mit diesen Kolossalskulpturen beginnt die Geschichte der großen bildenden Kunst in Mexiko.

Das Aufblühen religiöser Zentren

Im Schwemmland angelegt, bestehen die Baudenkmäler der Olmeken im wesentlichen aus gestampfter Erde. Das Baumaterial bestand größtenteils aus Schlamm, der zweifellos bei der Ausschlämmung der Entwässerungskanäle gewonnen wurde. Schon die Olmeken, wie später die Maya, legten das von ihnen bewohnte Sumpfgebiet für die Landwirtschaft trocken. Auch die ältesten Bauten der Maya sind aus Erde, die aus der Flußlandschaft gewonnen wurde. Die Maya häuften ungeheure Massen Erde zu geböschten Plattformen und Pyramiden auf, deren Form sich aus der natürlichen Neigung des an den Seiten abrutschenden Materials ergab.

Der Einfluß der olmekischen Skulptur, besonders der der Kolossalköpfe, ist an Werken aus viel späterer Zeit nachweisbar, die man im Süden des heutigen Guatemala bei La Democracia und Monte Alto an der Pazifikküste gefunden hat. Stelen, wie sie später die Maya aufstellten, sind auch schon in La Venta zu finden. Doch erst die zwischen 300 v. Chr. und 150 n. Chr. errichteten Stelen, die man bei Kaminaljuyú, einem Ort unweit der heutigen Stadt Guatemala, gefunden hat, sind reichlich mit Personendarstellungen als Basrelief geschmückt. Die bei La Mojarra im Staat Veracruz gefundene Stele im epi-olmekischen Stil ist die älteste, bei der man neben der im Flachrelief dargestellten Person eine lange Inschrift findet, deren Zeichen den später von den Maya verwendeten ähneln. Das dort angegebene Datum ließ sich als das Jahr 156 n. Chr. entziffern.

Unverkennbar ist also der Einfluß der Zentren olmekischer Kultur, der von La Venta, Tres Zapotes und San Lorenzo Tenochtitlán ausging. Die Architektur der Maya entwickelte sich sowohl in den ersten errichteten Städten des Petén als auch in dem vulkanischen Gebirgsland Guatemalas und Honduras' nach olmekischem

Rituelles Ballspiel
Auf dem in Cancuen im Petén gefundenen Relief von 795 n. Chr. stehen sich zwei Spieler gegenüber, die den für das Spiel mit dem schweren, harten Gummiball erforderlichen breiten Schutzgürtel tragen. Bei den rituellen Ballspielen der Maya hatte der Verlierer nicht selten auch sein Leben verwirkt: Er wurde den Göttern geopfert. (Guatemala-Stadt, Museo Nacional de Arqueología y Etnología)

Olmekischer Altar
An der Vorderseite dieses monolithischen Altars sitzt in einer Grotte ein Mann mit untergeschlagenen Beinen, der eine Krone mit einem stilisierten Jaguarkopf trägt. Die vorspringende Oberkante des Altars zeigt dieselbe Darstellung. Höhle wie Jaguarmaul verkörpern die chthonischen Mächte. An einem Seil hält der Sitzende einen zur Opferung bestimmten Gefangenen. (Villahermosa, Museo La Venta Parque)

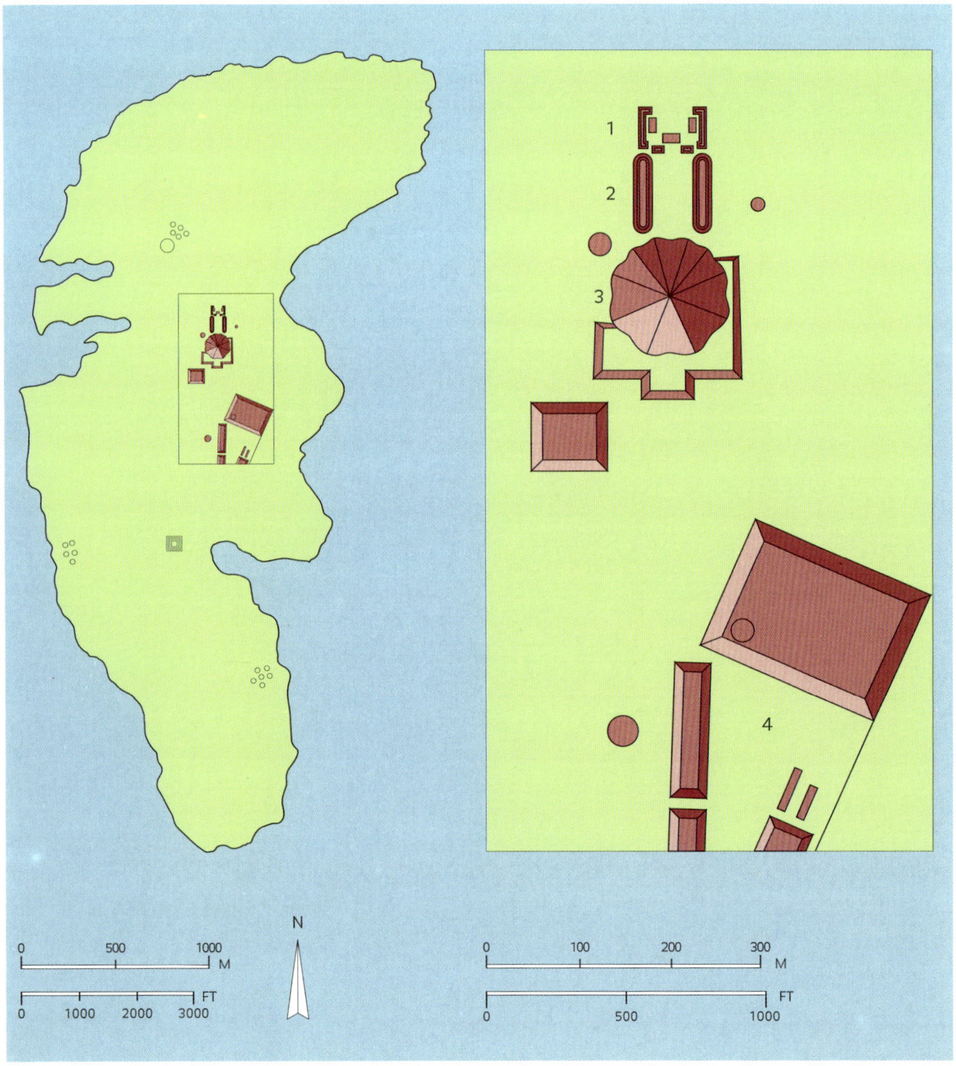

Plan des Zeremonialzentrums von La Venta
1. Viereck
2. Böschungen, die den Ballspielplatz einfassen
3. Erdpyramide
4. Stirling-Gruppe

Olmekischer Kopfkoloss
Diese 241 cm hohe und an die 25 Tonnen schwere monolitische Basaltskulptur wurde 1000–800 v. Chr. in La Venta geschaffen. Sie ist wahrscheinlich das idealisierte Bildnis eines olmekischen Herrschers, der einen Helm trägt, wie man ihn aus Darstellungen von Ballspielern kennt. (Villahermosa, Museo La Venta Parque)

Monolithischer Kopf aus Monte Alto
Die in Monte Alto und La Democracia an der Küste des Pazifischen Ozeans in Guatemala entdeckten monolithischen Kopfsteinskulpturen sind Beispiele der späten vorklassischen Periode der Maya-Kultur. Auch wenn sie deren kolossale Maße nicht erreichen, dienten die in La Venta gefundenen olmekischen Kopfkolosse als Vorbild.

Monolith aus La Democracia
Dieser an der guatemaltekischen Pazifikküste gefundene Kopf läßt das Vorbild der Köpfe von La Venta sehr deutlich erkennen. Um so auffälliger ist der veränderte Gesichtsausdruck. Dieser Kopf ist nicht wie die Kolosse von La Venta mit herrisch, weit geöffneten Augen dargestellt, sondern scheint sich hinter gesenkten Lidern zu verschließen. Bei dieser Skulptur handelt es sich um ein Grabdenkmal aus der Zeit vor der Ausbildung der Maya-Kultur.

Stele aus Kaminaljuyú
In Kaminaljuyú, unweit von Guatemala-Stadt, hat man die ältesten Stelen gefunden, die die für die Kultur der Maya charakteristischen Züge aufweisen. Man datiert diese Stelen in die Zeit um 100 v. Chr. Das aus Granit gehauene Relief der 183 cm hohen Stele zeigt einen Würdenträger mit dem Maskengesicht des sogenannten »langnasigen Gottes«. (Guatemala-Stadt, Museo Nacional de Arqueología y Etnología)

Vorbild. Es wurden Pyramiden und Ballspielplätze angelegt und auch große Erdplattformen aufgehäuft, die später mit Mauerwerk verblendet wurden. Ursprünglich werden die auf diesen Plattformen errichteten Heiligtümer einfache Hütten mit Palmstrohdächern gewesen sein. Der Grundriß dieser ältesten Plattformen ist einfach. Es handelt sich stets um quadratische oder rechteckige Aufschüttungen, manchmal folgen zwei übereinander, wobei die eine ein wenig zurückspringt. Diese Etagen sind mit großen Stuckmasken geschmückt. Eine in der Mitte angelegte Treppe führte zu der obersten Ebene hinauf, auf der sich die Kultstätte befand, von deren Cella nur noch kleine Mauerreste oder die Löcher, in denen die Stützbalken verankert waren, erhalten sind.

Ein derartiges Bauwerk ist bei Cerros in Belize entdeckt worden, dessen Bau 5 C-2 auf das Jahr 50 n. Chr. datiert wird. Übereinandergesetzte große Stuckmas-

Rechts

Stele aus El Baúl

Diese ebenfalls an der guatemaltekischen Pazifikküste in El Baúl gefundene, 296 cm hohe Basaltstele zeigt einen Ballspieler mit einer Coyoten-Maske. Ihm zu Füßen liegt sein besiegter Gegner. Eine Reihe von sechs hockenden Männern am unteren Rand des Steines stellt vielleicht die siegreiche Mannschaft dar. Oben links befinden sich hieroglyphische Zeichen. Das im 7. oder 8. Jahrhundert n. Chr. entstandene Werk der südlichen Nachbarn der Maya läßt Einflüsse der Kultur des mexikanischen Hochlands erkennen.

Links

Ballspielring

Die Stele wurde ebenfalls in Kaminaljuyú gefunden und stammt aus der sogenannten Miraflores-Periode, die man in die Zeit zwischen 300 v. Chr und 150 n. Chr datiert. Die Zeichen, die in die Oberfläche dieser durchbrochenen Stele eingeschnitten sind, konnten bisher nicht entziffert werden. (Guatemala-Stadt, Museo Nacional de Arqueología y Etnología)

ken trägt auch die Pyramide H-Sub 3 in Uaxactún bei Tikal. Über einen ähnlichen Schmuck an allen vier Seiten in strenger, axialer und orthogonaler Symmetrie verfügt die bereits 1927 ausgegrabene Pyramide E-VII-Sub. Auf zwei Ebenen stellen dort stilisierte Raubtiermasken die Gottheiten der Erbauer vor.

Dieser Typus von kultischen Zweckbauten, von dem man Beispiele auch in Edzná und Kohunlich gefunden hat, ist in seiner Gesamtheit offensichtlich eine Verkörperung symbolischer Vorstellungen. Linda Schele und David Freidel haben nachweisen können, daß das Bauwerk von Cerros in Bezug auf einen von den Priesterkönigen ausgeführten rituellen Lauf mit kosmologischer Bedeutung versehen war. So fand man rechts neben der Treppe auf der unteren Ebene eine schematische Darstellung der aufgehenden Sonne und links eine der untergehenden Sonne. Ebenso stellten die Bilder des Morgensterns sowie die des Abendsterns an der oberen

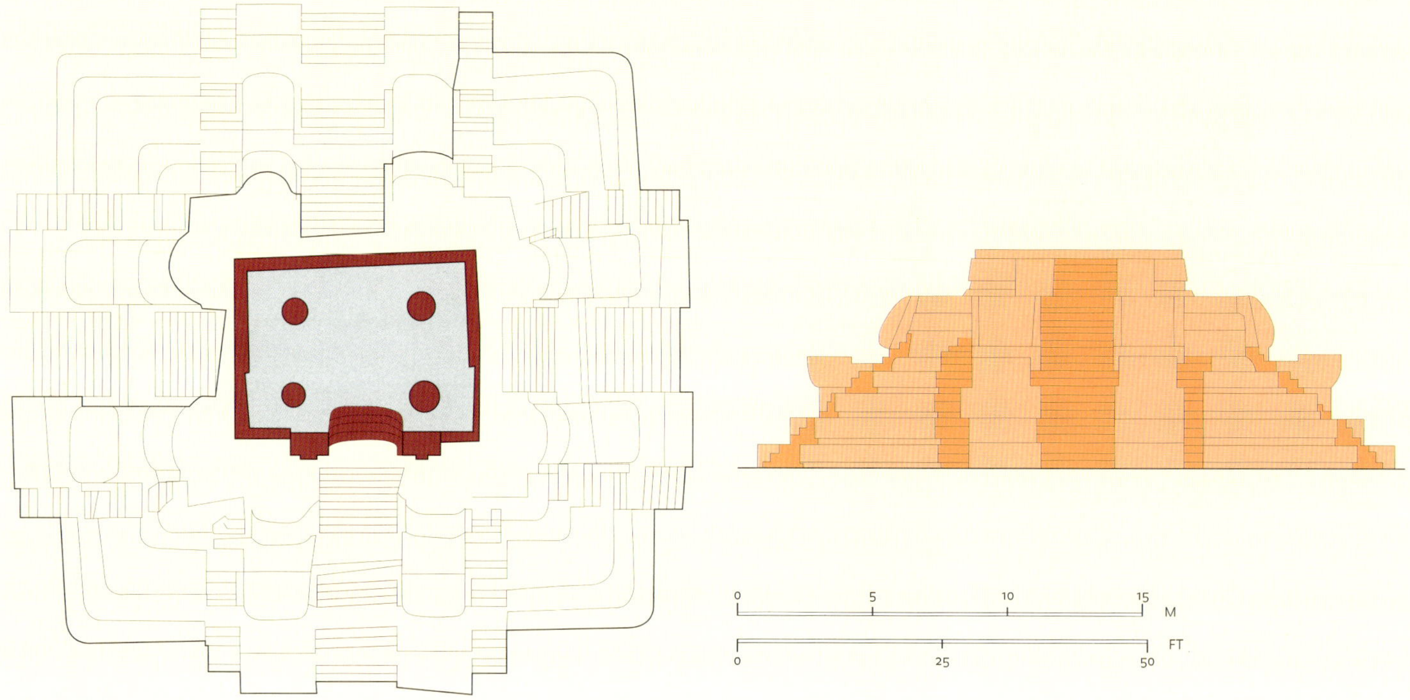

Etage die beiden Aspekte des Planeten Venus dar, dessen Umlauf bei der Korrelation des 365tägigen Sonnen- und des 260tägigen Ritualkalenders der Maya eine wichtige Rolle spielte.

Es besteht also eine enge Beziehung zwischen der Maya-Architektur und ihrer Religion; ihre Bauten verkörpern Zeichensysteme, die auf den Kosmos und die Himmelsmechanik verweisen. Beim Studium ihrer Architektur gilt daher, diese Beziehung nicht aus den Augen zu verlieren.

Grund- und Aufriß der Pyramide von Uaxactún
Alle vier Seiten der doppelt axialsymmetrischen Pyramide E-VII-Sub von Uaxactún waren mit großen Stuckmasken geschmückt. Die von Wangen gefaßten Treppen führten auf die Plattform, auf der ein mit Palmstroh gedeckter Tempel stand. Der Bau entstand in der vorklassischen Periode (400 v. Chr.–150 n. Chr.).

Der Bau der großen Pyramiden

Ihre gigantischsten Schöpfungen haben die Maya-Baumeister in Tikal verwirklichen können. Die Konzentration der politischen und religiösen Macht war in dieser riesigen Metropole, die zu ihrer Glanzzeit schätzungsweise 10 000 Einwohner gehabt und die landwirtschaftliche Produkte großer Teile Peténs verbraucht haben muß, sehr bedeutend. Die Herrscher setzten ungeheure Mittel für den Bau eines Ensembles grandioser Tempelpyramiden ein, die gleichermaßen der herrschaftlichen Prachtentfaltung und dem Gottesdienst geweiht gewesen sein dürften.

Zur Zeit der Entstehung der gigantischen Pyramiden von Tikal hatte dieser Bautypus schon eine 500jährige Entwicklung durchlaufen. Sie führte von der Plattform von Cerros, die bei einer Höhe von 5 m auf einer 19 x 14 m großen Basis ruht und ein Volumen von 1 300 m^3 hat, und Uaxactún, deren quadratische Basis eine Seitenlänge von 25 m hat und bei einer Höhe von 9 m annähernd ein Volumen von 5 000 m^3 erreicht – beides Bauten des frühen 1. Jahrhunderts n. Chr. – zu dem im 6. Jahrhundert errichteten kolossalen Tempel IV in Tikal, der sich über einer etwa 60 x 50 m großen Basis 70 m hoch erhebt und über ein Volumen von 75 000 m^3 verfügt: das 60fache der Tempelplattform von Cerros, das 15fache der Plattform in Uaxactún. Der Gebäudetypus aber war während dieser Entwicklung gleichgeblieben. Auf dem hohen Sockel, dessen Abschnitte in Stufen aufeinandergesetzt sind, steht auch noch in Tikal die Cella, die jetzt keine Hütte aus vergänglichen Materialien mehr ist, sondern ein Gebäude aus Mauerwerk mit zwei oder drei Kammern, dessen Dach von einem Dachkamm (*cresteria*) bekrönt wird, einem hohen, gemauerten und verzierten Aufbau.

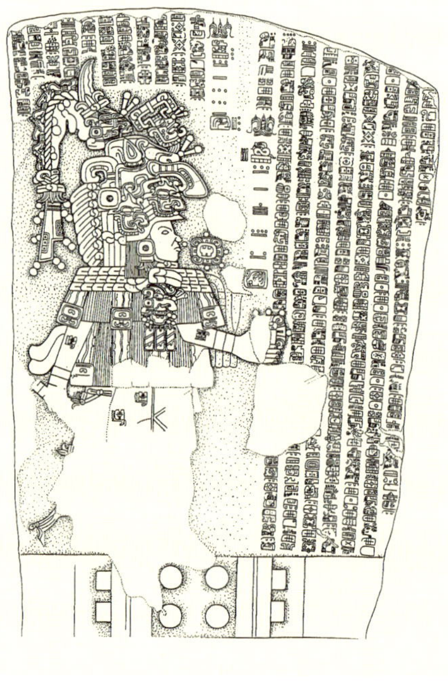

Das Tempelinnere besteht aus einer Flucht winziger Räume, deren betonierte Kraggewölbe der Form des Innenraumes der mit Palmstroh gedeckten Hütten nachempfunden ist. Dort hielten die Herrscher und Priester ihre Zeremonien ab. Der Ort war nicht dazu bestimmt, die Menge der Gläubigen zu empfangen, denn im Verhältnis zum Volumen der gesamten Pyramide ist der Innenraum des Tempels sehr klein. Er mißt kaum ein $^1/_{100}$ desselben, manchmal sogar nur ein $^1/_{150}$.

Der Neigungswinkel der konischen Pyramide der Olmeken in La Venta beträgt nicht mehr als 35°, wohingegen er bei der hohen Pyramide in Tikal 70° erreicht. An den Seiten führt eine Treppenflucht hinauf, deren Stufen doppelt so hoch wie breit sind. Die Form eines künstlichen Berges in dieser Steilheit und mit einem Gewicht von 150 000 Tonnen war natürlich nicht mehr durch eine Erdaufschüttung zu realisieren. Tatsächlich besteht hier der Sockel schon aus Mauerwerk und wäre nicht zu errichten gewesen, hätten die Maya nicht über guten Mörtel verfügt. Der Kern des Bauwerkes ist sorgfältig verblendet sowie mehrfach abgestuft und an den Seiten der Stufen befinden sich eingeschnittene Hohlkehlen, so daß die Masse weniger schwer erscheint.

Während der Tempel II nur drei Stufen aufweist, sind beim Tempel I, auch Pyramide des großen Jaguars genannt, neun Stufen vorhanden. Sie sorgen für eine kräftige Strukturierung des Baukörpers. Jede dieser fast vertikal abfallenden Stufen wird durch eine untere Hohlkehle deutlich abgesetzt. Um so besser kontrastiert der Rhythmus der horizontal geschichteten Massen mit dem Treppenlauf, der ohne Unterbrechung von der Basis der Pyramide bis zur obersten Plattform hinaufführt. Hier befindet sich das von einem 8–10 m hohen Dachkamm bekrönte Heiligtum.

Die Bauarbeiten

Will man sich ein Bild vom Treiben auf einer Baustelle in der Regenwaldmetropole Tikal machen, muß man berücksichtigen, daß es dort mehrere große Pyramiden gab, die zwischen 45 und 75 m hoch waren, und neben diesen auch ausgedehnte Palastbauten. Während des ganzen Jahres dürften Hunderte, ja Tausende von Arbeitern mit der Steingewinnung, der Kalkproduktion, dem Transport der Baumate-

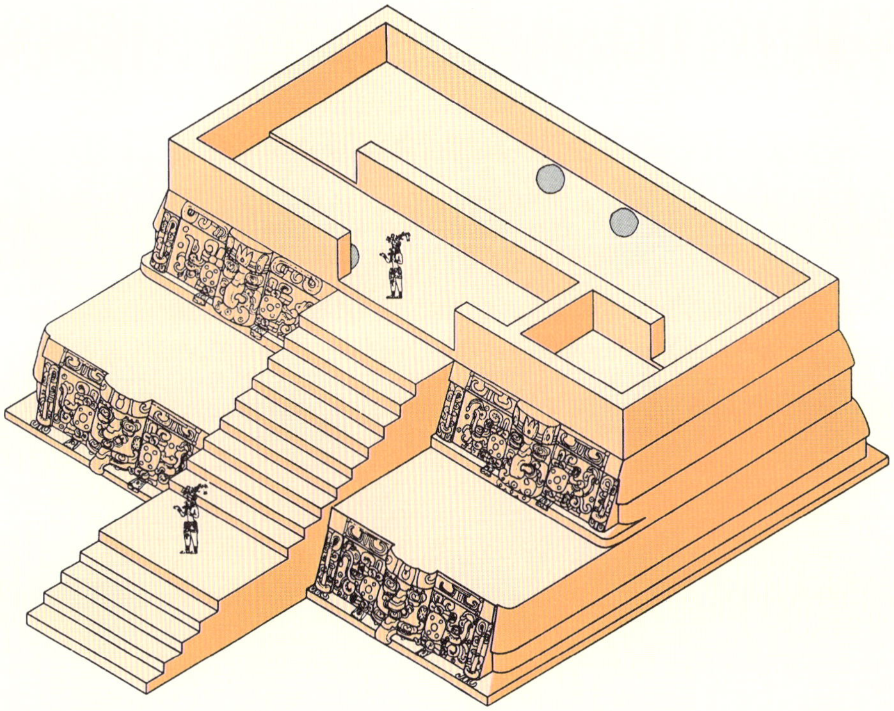

Räucherfaß
Das aus zwei Teilen bestehende Copal-Räucherfaß aus schwarzer Terrakotta mit eingeritztem Dekor wurde in Uaxactún gefunden und stammt aus dem 6. Jahrhundert n. Chr. In der sitzenden Gestalt erkennt man eine Darstellung des Gottes Q. Ganz ähnliche Keramik wurde in Kaminaljuyú gefunden. (Guatemala-Stadt, Museo Nacional de Arqueología y Etnología)

Rekonstruktionszeichnung des ersten Tempels von Cerros, Belize
Die Frontseite beider Plattformen waren mit polychromen Stuckreliefs geschmückt. Auf der ersten Stufe war die aufgehende und die untergehende Sonne, auf der zweiten Stufe der Planet Venus einerseits als Morgenstern, andererseits als Abendstern dargestellt. In dem Heiligtum auf der oberen Plattform scheinen zwei Pfähle die Weltbäume symbolisiert zu haben. Das als Bau 5 C-2 bezeichnete Bauwerk wurde um das Jahr 50 n. Chr. vollendet. (Nach Linda Schele)

Seite 42 unten
Zeichnung eines Reliefs
Zeichnung des Reliefs einer bei La Mojarra im Staat Veracruz gefundenen, 234 cm hohen Stele von 156 n. Chr. Die im Stil der Maya dargestellte Gestalt eines Würdenträgers umzieht eine lange hieroglyphische Inschrift in einem als Proto-Zoque bezeichneten Idiom, das dem in Kaminaljuyú sehr ähnlich ist.

Das Zeremonialzentrum von Tikal
Die Luftaufnahme zeigt das Zentrum der Metropole von Petén. In der Mitte befindet sich der von Stelen eingefaßte Hauptplatz. Links und rechts erheben sich die gewaltigen Pyramiden der Tempel I und II, vorn stehen die Bauten der nördlichen und hinten links diejenigen der mittleren Akropolis. Die zwischen 650 und 800 n. Chr. errichteten Bauten dieses Zeremonialzentrums sind ab 1956 weitgehend freigelegt und restauriert worden.

Dreistufige Pyramide in Tikal
Eine axiale Treppe führt über drei breite Stufen auf die Plattform des Tempels II in Tikal, auf der sich die von einer hohen *cresteria* bekrönte Cella erhebt. Im Hintergrund ragen die Spitzen des Tempels III und des fast 70 m hohen Tempels IV aus dem Wald.

Aufriß des Tempels II in Tikal
Die Zeichnung zeigt den im 8. Jahrhundert erbauten Tempel II und die ursprüngliche Höhe der teilweise durch die Vegetation zerstörten und bei der Restaurierung nicht ganz wiederhergestellten *cresteria*.

Seite 47
Stelen am Fuße der Pyramide
Am Rande des Platzes vor dem Tempel II in Tikal reihen sich entlang der Treppe, die zur nördlichen Akropolis hinaufführt, skulptierte Stelen. Die Inschriften dieser Gedenksteine bezeugen ihre Aufstellung im Laufe des 7. und 8. Jahrhunderts n. Chr. Um 830 begann die Bevölkerung die Stadt zu verlassen. Zu Beginn des 10. Jahrhunderts hatte der Wald von diesen großen Plätzen und hohen Bauten bereits Besitz ergriffen.

Zehnstufige Pyramide in Tikal
Der fast 50 m hohe Tempel I im Zentrum des Komplexes in Tikal ist ein charakteristisches Beispiel der Maya-Pyramide inmitten des Urwaldes des Petén. Die Treppe, die über die zehn Stufen der Pyramide zur Plattform hinaufführt, auf der die Cella des Tempels steht, steigt im Winkel von 70° außerordentlich steil an.

Seite 49
Himmelsleiter
Die steile Treppe des Tempels I in Tikal erscheint am Ende des weitläufigen Hauptplatzes, der von zahlreichen Gedenksteinen begrenzt ist, wie eine Himmelsleiter. Nur die Priester, die den Göttern im Heiligtum Opfer darbrachten, durften die Treppe hinaufsteigen.

Grundriß, Aufriß und Schnitt des Tempels I in Tikal
Im Verhältnis zum Volumen der Pyramide ist der gewölbte Innenraum der Cella des Hochtempels sehr klein. Das Bauwerk wurde in mehreren Phasen errichtet.

rialien, den Aufschüttungen für die Plattformen und dem Errichten der Baugerüste beschäftigt gewesen sein. Das Maya-Volk – die Menschen in der Stadt oder auch die des landwirtschaftlich genutzten Umlandes – wohnte demgegenüber weiterhin in Hütten aus vergänglichen Materialien.

Die Arbeitsteilung war relativ weit fortgeschritten, denn die verschiedenen Tätigkeiten setzten ein unterschiedliches Maß an handwerklichem Geschick voraus. Die Kalkstein- und Brennholzbeschaffung (für die Kalkgewinnung), die Arbeit in den Steinbrüchen und der Transport des Materials zum Bauplatz konnten ungelernten Fronarbeitern anvertraut werden, Vertretern des während der Trockenzeit nicht auf den Feldern beschäftigten »ländlichen Proletariats«. Für Arbeiten, wie das Zuschneiden und Behauen der Steinblöcke für die Blendmauern, die Aufführung des Mauerwerks, die Fertigung des Holzes für die Türschwellen und die Täfelungen der Tempelinnenräume, wurden gelernte Arbeiter herangezogen. Schließlich brauchte man geschickte Künstler, Bildhauer und Stukkateure, Maler und Schriftkünstler, die dem Bauwerk seine Gestalt und seinen Dekor gaben und seine symbolischen Aussagen zum Ausdruck brachten.

Dabei ist natürlich weder die Entwurfsarbeit der Architekten berücksichtigt, noch die Leistung der Planzeichner in Rechnung gestellt und nicht bedacht worden, was hinsichtlich der Orientierung der Bauten und deren komplizierter Baugeschichte zu berücksichtigen war. Denn oft galt es, einen der Tempel durch weitere Überbauung den kosmischen Zyklen anzupassen. Dies wird die Aufgabe der großen Priesterschaft gewesen sein, an deren Spitze der allmächtige Herrscher der Stadt stand.

Die nördliche Akropolis von Tikal
Der symmetrisch angelegte Komplex der Bauten auf der nördlichen Akropolis von Tikal ist das Ergebnis einer über mehrere Jahrhunderte fortgesetzten Bautätigkeit.

Paläste und Wohnungen der Herrschenden
Auf der mittleren Akropolis von Tikal stehen dicht gedrängt und ineinander verschachtelt auf verschiedenen Ebenen die Paläste der Herrschenden. Die Anlage verdeutlicht, daß die Würdenträger der Maya sich nicht scheuten, ihre Wohnräume über den Plätzen zu errichten, auf denen die Kultzeremonien stattfanden.

Funktion der Pyramiden

Die Pyramiden der Maya dienten verschiedenen Zwecken. Der größte Unterschied zwischen einer Maya-Pyramide und einer ägyptischen besteht darin, daß die der Maya einem Tempel als Sockel dient. In Ägypten war das keineswegs der Fall. Bei den ägyptischen Königspyramiden handelt es sich ausschließlich um Pharaonengräber, während die Maya-Pyramide in erster Linie als monumentaler Unterbau dient, auf dem sich der Hochtempel erhebt, die Stätte des göttlichen Kultes.

Ihre Funktion als Verbindung von Himmel und Erde verkörpern besonders die Tempel-Pyramiden von Tikal. Sie bilden ungeheure »Himmelsleitern«, die den Priestern gestatteten, sich den Göttern zu nähern. In ihrem Inneren bergen sie allerdings – wie die ägyptischen Pyramiden – oft auch ein Grab, das manchmal unterirdisch, manchmal in den Baukörper eingeschlossen ist. Dort ruhen die sterblichen Überreste des als Gott verehrten Herrschers. Diese doppelte Funktion der Maya-Pyramiden als Kultorte und Grabmonumente kam erst 1952 bei der Entdeckung der berühmten Krypta im Tempel der Inschriften in Palenque ans Licht, in der man den Sarkophag eines Königs fand, dessen Namen man heute zu lesen imstande ist: Er hieß Pacal und war der erste große König von Palenque.

In dem Maße, in dem die Macht der Stadtherren wuchs und gewisse große Zentren die Vorherrschaft über die Siedlungen in ihrem Umkreis erlangten, verschmolzen die Funktionen der Pyramide als Kultort und Grabmonument miteinander, so daß beide dem höheren Ruhm des Herrschers dienten, von dessen Macht das Bauwerk zeugte. Die auf den Plätzen vor den Tempelpyramiden aufgestellten Stelen verherrlichteten mit ihren Inschriften die Taten dieser Könige, hielten die Daten der Regierungsantritte fest, gedachten ihrer Hochzeiten, ihrer Siege und der Feinde, die sie den Göttern geopfert hatten, ebenso wie der Bauten, die sie zu bauen angeordnet hatten.

Aus dieser Perspektive wurde die Baukunst der Maya das Mittel zur Bewahrung und Verbreitung des Ruhmes des Bauherren. Sie erhebt jene, die den Göttern Altäre, Plattformen oder Pyramiden weihen, selbst zu Göttern.

Gedenkstein eines Herrschers von Ucanal
Die von den Maya in ihren Zeremonialzentren aufgestellten Gedenksteine zeigen auf der Vorderseite gewöhnlich einen im Profil dargestellten Würdenträger mit einer Hieroglypheninschrift, in der eines wichtigen Datums gedacht wird. Die links abgebildete, 190 cm hohe Stele 4 aus Ucanal, 849 n. Chr. aufgestellt, zeigt einen Herrscher, der ein Zepter hält und über einen ihm zu Füßen liegenden Gefangenen triumphiert. (Guatemala-Stadt, Museo Nacional de Arqueología y Etnología)

Gedenkstein eines Herrschers von Tikal
Die 165 cm hohe Stele 9 von Tikal wurde im Jahre 475 n. Chr. aufgestellt. Die äußere Form des Steinblocks wurde kaum bearbeitet. Das Relief der Vorderseite zeigt einen Herrscher mit seinen Insignien. Bemerkenswert ist, daß sich dort keine Inschrift befindet.

Stadtplanung

Die ehemalige Maya-Metropole Tikal, erst im 18. Jahrhundert entdeckt und von 1881 an kontinuierlich ausgegraben, war Ziel zahlreicher Forschungsteams. Das Gebiet dieser Stadt erstreckte sich über eine Fläche von 500 km^2. Im eigentlichen Zentrum hat man auf einem Areal von 16 km^2 die Reste von nicht weniger als 3 000 Bauwerken freigelegt. In der sogenannten Zeremonialzone und eigentlichen Stadtmitte, die die Hauptpyramiden, Ballspielplätze und Paläste umfaßt, stehen einander die riesigen Tempel der nördlichen Akropolis gegenüber.

Dieses Ensemble, das größtenteils in der klassischen Epoche, das heißt im 6. und 7. Jahrhundert n. Chr. erbaut wurde, zeugt von der Renaissance der Stadt nach einer Periode des Niedergangs und Verfalls. Die Anlage besteht aus 17 Bauten, von denen die eindrucksvollsten bis zu 45 m hoch sind.

Die hohen Pyramiden, Tempel I und II genannt, flankieren links und rechts den quadratischen großen Platz. Hier erhebt sich eine Reihe von Gedenkstelen und Opferaltären (etwa 40 Monolithen) vor drei weiteren Pyramiden, die die Archäologen mit den Nummern 32, 33 und 34 versehen haben. Hinter diesen liegt ein symmetrischer Hof, um den kleinere Pyramiden angeordnet sind. Der große Platz wird der Ort der Feierlichkeiten gewesen sein, die von den Bewohnern der Stadt zum Ruhme der Herrscher von Tikal begangen wurden.

Obwohl die Maya bei der Anlage ihrer Akropolen gewöhnlich jede kleinste Anhöhe ausnützten, um auf dem fast überall flachen Boden des Petén in die Höhe zu bauen, ist die Anlage des Zeremonialzentrums von Tikal vollkommen regelmäßig. Sie ist zweifellos das Ergebnis bewußter Stadtplanung, der mit Sicherheit die Erfordernisse zugrundelagen, die der Kult für die verschiedenen Götter, denen die Tempel geweiht waren, notwendig machte. Ebenso waren die Hierarchie der Tempel sowie das in den Vorgängerbauten angelegte Programm zu berücksichtigen.

Hauptplatz mit Gedenksteinen in Tikal

Zahlreiche Gedenksteine auf dem Hauptplatz in Tikal bezeugen die Geschichte dieser bedeutenden Maya-Stadt. Sie stehen entlang der Stufen, hinter denen sich die nördliche Akropolis erhebt.

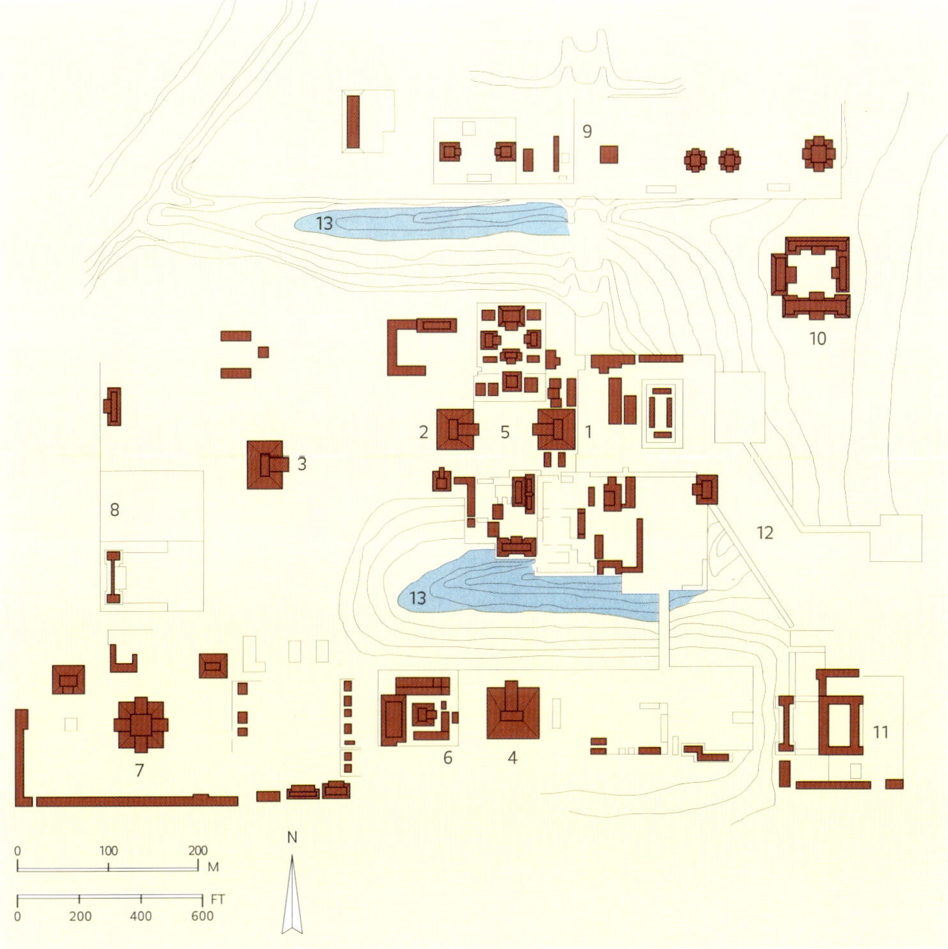

Lageplan der Hauptgebäude von Tikal

1. Tempel I
2. Tempel II
3. Tempel III
4. Tempel V
5. Gruppe A: Großer Platz zwischen nördlicher und mittlerer Akropolis
6. Gruppe B: Südliche Akropolis
7. Gruppe C: Platz der sieben Tempel
8. Gruppe D
9. Gruppe E
10. Gruppe F
11. Gruppe G
12. Prozessionsstraße
13. Wasserreservoirs

Farbige Keramikgefäße
Die Malerei auf diesen beiden in Tikal gefundenen zylindrischen Gefäßen zeigt jeweils einen mit untergeschlagenen Beinen auf einer thronartigen Plattform sitzenden Herrscher, der einen ihm huldigenden Untertanen empfängt. Die Höhe der Gefäße beträgt 29,8 cm und 28,4 cm. (Tikal, Museo Nacional)

Junger Edelmann aus Copán
Der junge Mann, dessen Kopf aus Trachyt geschaffen wurde, trägt einen Turban und großen Ohrschmuck. Das aus Copán stammende Werk entstand im 8. Jahrhundert.

Diese Einordnung der großen Bauten in ein einheitliches Konzept zeugt von einer sehr langfristigen Planung, deren endgültige Ausführung manchmal bis zu Jahrhunderten dauerte. Denn inzwischen ist bekannt, daß die verschiedenen Bauwerke zu unterschiedlichen Zeiten errichtet worden sind. Die nunmehr entzifferten Inschriften verraten die Namen der Bauherren der meisten Monumente und geben Auskunft über die Regierungszeit des Herrsches, der einen bestimmten Tempel erbauen ließ, eine bestimmte Stele aufstellte, oder in welchem Grab er begraben lag. Die Baugeschichte der Maya-Städte und so auch Tikals spiegelt ihre politische Geschichte. Die großen Monumente sind Zeugnisse von Blütezeiten, denen innere Wirren und äußere Bedrohung vorausgingen und auch folgten.

Im Stadtgebiet von Tikal sind Dammstraßen *(sacbeob)* freigelegt worden, durch die die verschiedenen Stadtviertel miteinander verbunden waren und auf denen vermutlich prachtvolle Prozessionen zu Ehren der Götter und der Herrscher stattfanden. Zur Trinkwasserversorgung der Stadt – in deren unmittelbarer Umgebung es weder Seen noch Flüsse gab – legten die Erbauer Zisternen an, meistens in den Steinbrüchen, aus denen das Material zum Bau der Tempel und Paläste geholt wurde. Während der Regenzeit wurde das Trinkwasser am Fuße der erhöhten Plätze und Esplanaden gesammelt.

Tikal ist zweifellos die spektakulärste der im Petén und angrenzenden Belize gelegenen Städte. Aber während der klassischen Epoche gab es dort Dutzende von mehr oder weniger bedeutenden Maya-Städten. Neben Uaxactún und Cerros, seien Nakum, Naranjo, Río Azul, Altún Ha, Xultun genannt. Überall findet man die charakteristischen Kultstätten und Prachtbauten der Zeremonialzentren der Maya: Pyramiden, Plattformen, Paläste, Ballspielplätze und Stelen oder Altäre.

Diese Städte, Fürstentümer unter der Herrschaft eines Souveräns, scheinen sich in religiöser und kultureller Hinsicht einer gewissen Autonomie erfreut zu haben. Die verschiedenen Fürstentümer lagen oft im Krieg miteinander. Die Sieger waren bestrebt, Gefangene zu machen, um sie den Göttern zu opfern.

Doch unterhielten die Städte auch Handelsbeziehungen untereinander. Zwischen Tiefland und mexikanischem Hochland wurden zum Beispiel Kakaoschoten und Muscheln (Seetrompeten) gehandelt. Und in der Spätzeit der Maya-Kultur konnten die großen Herrscher goldenen Schmuck tragen, da zu dieser Zeit ein durch die Bewohner Mittelamerikas vermittelter Küstenhandel die mexikanischen Kulturen mit den Bewohnern der Andenländer in Beziehung gebracht hatte.

Es ist gelungen, diese Handelsstraße über weite Strecken wieder aufzuspüren. Auf diesen Wegen gelangten auch die Einflüsse mehr oder weniger fremder Kulturen in das Gebiet der Maya. So machte sich in Tikal um 375 n. Chr. der Einfluß der Kultur von Teotihuacán bemerkbar, einer großen Stadt auf dem Hochland, deren Reste man unweit von Mexiko-Stadt sieht. Man griff in Tikal eine für die Pyramiden von Teotihuacán charakteristische Architekturform auf, die sogenannte *talud-tablero*-Bauweise. Sie beruht auf einer horizontalen Zweiteilung der Fassade. Auf einen geböschten, schrägen Wandteil (*talud*) folgt ein leicht auskragendes senkrechtes Wandelement (*tablero*), das bemalt oder mit einem Steinrelief verziert als Blickfang dienen sollte. Um 375 n. Chr. löste diese Gestaltung zeitweilig die in Tikal traditionelle Ausbildung der Pyramidenstufen ab.

Nach 534 n. Chr. schien in Tikal die Bautätigkeit geruht zu haben. Erst gegen Ende des 6. Jahrhunderts wurden in Tikal wieder herausragende Bauten errichtet. Die Kultur der Maya entfaltete zu dieser Zeit ihre bedeutendste Pracht. Es war die Zeit der größten Bevölkerungsdichte und umfassendsten Bauaktivitäten – eine Zeit, aus der die meisten Inschriften erhalten sind.

Ein Zeugnis dieser Glanzzeit, die bis ins 8. Jahrhundert andauerte, hat man im Grab des Herrschers Ah Cacao, das 1962 unter dem Tempel I, der sogenannten Pyramide des Großen Jaguars, gefunden. Dieses Grab, das um 734 n. Chr., als der Sohn des verstorbenen Ah Cacao diesem auf den Thron von Tikal folgte, angelegt worden sein wird, enthielt kostbare Grabbeigaben aus Jade und Muscheln sowie Keramik und Knochen mit eingeritzten Zeichnungen von Göttern.

Solche Funde bereichern die Vorstellung von der Existenz jenes Maya-»Adels« mit weißen Baumwollgewändern, Jade-Schmuck und Kopfbedeckungen aus Vogelfedern. Man kann sich eine Vorstellung von den Priestern machen, die, Kopalharz in Räuchergefäßen verbrennend, an den Altären Opfer brachten und von dem Volk, das diesen Opferhandlungen am Fuße der rot getünchten Pyramiden, umgeben von tropischer Vegetation, beiwohnte. Die jüngste Stele, die man in Tikal gefunden hat, datiert 869 n. Chr. und ist das letzte Zeugnis der Geschichte dieser Stadt.

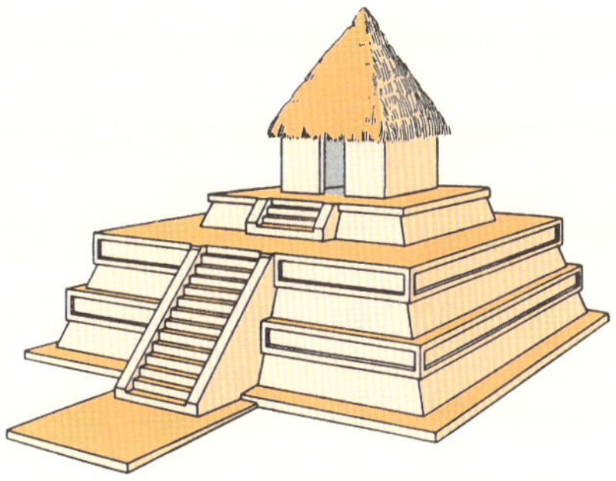

Talud-tablero-Bauweise
Um 375 n. Chr. griff man auch in Tikal eine für die Pyramiden von Teotihuacán im Hochland von Mexiko charakteristische Architekturform auf, den sogenannten *talud-tablero*. Die breiten Stufen der Pyramide werden hierbei über der Böschung (*talud*) von einem vorspringenden Rahmen (*tablero*) abgeschlossen.

Das Zeremonialzentrum von Tikal
Das Modell veranschaulicht die Bedeutung des Zeremonialzentrums von Tikal während seiner Glanzzeit im 8. Jahrhundert n. Chr. (Guatemala-Stadt, Museo Nacional de Arqueología y Etnología)

Die große Stele E in Quiriguá
Der höchste bisher im Maya-Gebiet gefundene, skulptierte Monolith mißt 10,66 m und wurde in Quiriguá gefunden, einem Ort im Tal des Río Motagua in Guatemala. Die 771 n. Chr. entstandene Stele E besteht aus Sandstein und wiegt fast 65 Tonnen. Der Herrscher ist hier en face dargestellt, hält in der Rechten ein kleines Zepter, in der Linken einen winzigen symbolischen Schild und trägt, wie das abgebildete Detail erkennen läßt, einen kleinen Spitzbart.

Quiriguá und Copán

Eine eigentümliche Maya-Provinz befindet sich in dem Bergland, welches das Becken des Río Motagua im Südosten des Siedlungsgebietes der Maya-Stämme einfaßt. Dort liefern die Ausläufer der Sierra Madre Gesteinsarten wie Andesit und Trachyt, die die Künstler dieser Gegend sehr geschickt zu bearbeiten wußten und die ihnen als Material sowohl für die Architektur als auch für die Skulptur dienten. Die dortigen Bauten weisen Kraggewölbe aus horizontal gelagerten Steinen auf. Die Reliefs der Stelen und die rundplastischen Altäre, die aus riesigen Monolithen skulptiert und charakteristisch für diese Kulturprovinz sind, zeugen von einer bewundernswerten Vollkommenheit der Bildhauerkunst am Unterlauf des Río Motagua.

Die Hauptorte dieser Provinz sind Quiriguá und Copán. Quiriguá liegt am nördlichen Ufer des Río Motagua, nicht weit von dessen Mündung in den Golf von Honduras, und ist vor allem wegen der Vielzahl, Größe und künstlerischen Vollendung

Stele C aus Quiriguá
Die 775, vier Jahre nach der Stele E aufgestellte Stele C von Quiriguá zeigt denselben Herrscher, nunmehr als Sieger über den König von Copán, den er gefangen genommen hat. Die Darstellung des Gesichtes mit dem kleinen Spitzbart gleicht der von Stele E. Der frontal gezeigte Körper ist in Flachrelief wiedergegeben, mit den Fußspitzen nach außen gedreht, einer in Copán weit verbreiteten Darstellungsweise.

der skulptierten Monolithen berühmt. Hier steht die größte bekannte Maya-Stele, ein 10,66 m hoher Steinblock, der nicht weniger als 65 Tonnen wiegt. Die Stele E ist in das Jahr 771 n. Chr datiert. Es ist sehr wahrscheinlich, daß der kolossale Monolith zu seinem Aufstellungsort am linken Ufer des Río Motagua auf den Bewässerungskanälen gebracht worden ist, die aus den benachbarten Bergen in die Ebene von Quiriguá hinunter führten. Der Transport wurde mit Flößen bewerkstelligt, also auf die gleiche Weise, wie von den Olmeken die bei La Venta gefundenen Monolithen transportiert wurden. Der sich in nordsüdlicher Richtung erstreckende große Platz von Quiriguá ist mit zahlreichen Stelen »abgesteckt«, die ab 746 n. Chr. in Abständen von jeweils fünf Jahren bis 810 n. Chr. dort aufgestellt wurden. Nach diesem Datum scheinen öffentliche Bauten in der Stadt nicht mehr errichtet worden zu sein.

Künstlerisch sehr bemerkenswerte Hochreliefs zeigen nicht nur diese Stelen, sondern auch eine Reihe monolithischer Altäre und 3–4 m große Granitblöcke, die mythische Wesen repräsentieren. Auffällig ist bei diesen Werken die barocke Üp-

Die kolossalen Altäre von Quiriguá
Der im Vordergrund sichtbare gewaltige Steinblock ist nur an der Oberseite skulptiert, dagegen ist der riesige Zoomorph P ringsum plastisch bearbeitet. Das Lebewesen, dessen Gestalt diesem Stein gegeben wurde, scheint die chthonischen Mächte zu verkörpern. Im aufgerissenen Drachenmaul des Ungeheuers sitzt mit untergeschlagenen, gekreuzten Beinen ein Herrscher.

Unten links
Stele K in Quiriguá
Auf dieser Stele, die mit einem Federornament im Flachrelief bedeckt ist, trägt der in einer Nische sitzende Herrscher eine Krone, die denjenigen ähnelt, mit denen sich die Herrscher von Piedras Negras am Río Usumacinta darstellen ließen. Die Stele K wurde 805 n. Chr. aufgestellt und trägt eine der spätesten Inschriften in Quiriguá.

Unten rechts
Stelen von Quiriguá
Das Dekor der Stelen von Quiriguá beruht auf einem durchgängigen System, wobei nur das Gesicht der en face dargestellten Persönlichkeit im Hochrelief erscheint. Ihre Kopfbedeckung besteht aus übereinandergesetzten Masken.

Rückseite des Zoomorphs P
Der 220 cm hohe Zoomorph stellt eine riesige Schildkröte mit kosmologischer Bedeutung dar. Die Rückseite zeigt das von Glyphen umgebene stilisierten Antlitz eines Ungeheuers. Der Symbolismus dieses üppig wuchernden barocken Dekors ist auf unterschiedliche Weise gedeutet worden.

pigkeit des Dekors, in dem sich hieroglyphische Zeichen mit symbolischem Ornament mischen. So bei dem sogenannten Zoomorph P, der eine Erdgottheit darzustellen scheint. Im aufgerissenen und mit großen Hauern bewehrten Maul des Ungeheuers sitzt ein Mann mit untergeschlagenen Beinen, der die prächtig gestaltete Krone eines Herrschers trägt. Das gleiche Motiv eines im Rachen der Unterwelt sitzenden Herrschers zeigt der in La Venta gefundene monolithische Altar Nr. 4, der heute im La Venta-Museumspark von Villahermosa zu sehen ist. Die Ähnlichkeit ist vielleicht nicht zufällig, wenn auch das olmekische Werk mehrere Jahrhunderte vor dem Zoomorphen P von Quiriguá geschaffen wurde. Denn schon die Olmeken fanden in dem Gebirge am Ufer des Río Motagua die grüne Jade, die ihnen – wie später den Maya – als Symbol der Wiedergeburt und des Lebens nach dem Tode galt.

Der Vergleich des Stils der Stelen, die in den verschiedenen Stätten des Maya-Gebietes errichtet wurden, verdeutlicht die künstlerische Autonomie der einzelnen Maya-Städte. Überall sieht man einen eigenen Lokalstil ausgebildet. Auf den ersten Blick lassen sich die Stelen von Quiriguá – und von Copán –, auf denen die Gestalten der Herrscher, die sie errichten ließen, frontal in kräftigem Hochrelief dargestellt sind, von den in Tikal aufgestellten unterscheiden, deren Figuren im Profil gezeigt werden und im Flachrelief ausgeführt sind. Außerdem sind die sehr realistisch ausgeführten Köpfe der Herrscher von Quiriguá im Hochrelief von einem Dekor umgeben, der die Körper in einer von geometrischen Ornamenten bedeckten Fläche verschwinden läßt, während man in Tikal die kleinsten Einzelheiten des Kostüms und der Insignien des Machthabers sorgfältig dargestellt sieht. Das in der fruchtbaren Ebene am Flußufer gelegene Quiriguá erreichte wohl niemals die Größe und Macht von Copán, unter dessen Vorherrschaft die Herrscher von Quiriguá vermutlich zumindest zeitweilig standen. Doch ist einer Inschrift zu entnehmen, daß der mächtige König von Copán namens 18-Kaninchen im Jahre 738 n. Chr. vom König Quiriguás besiegt wurde.

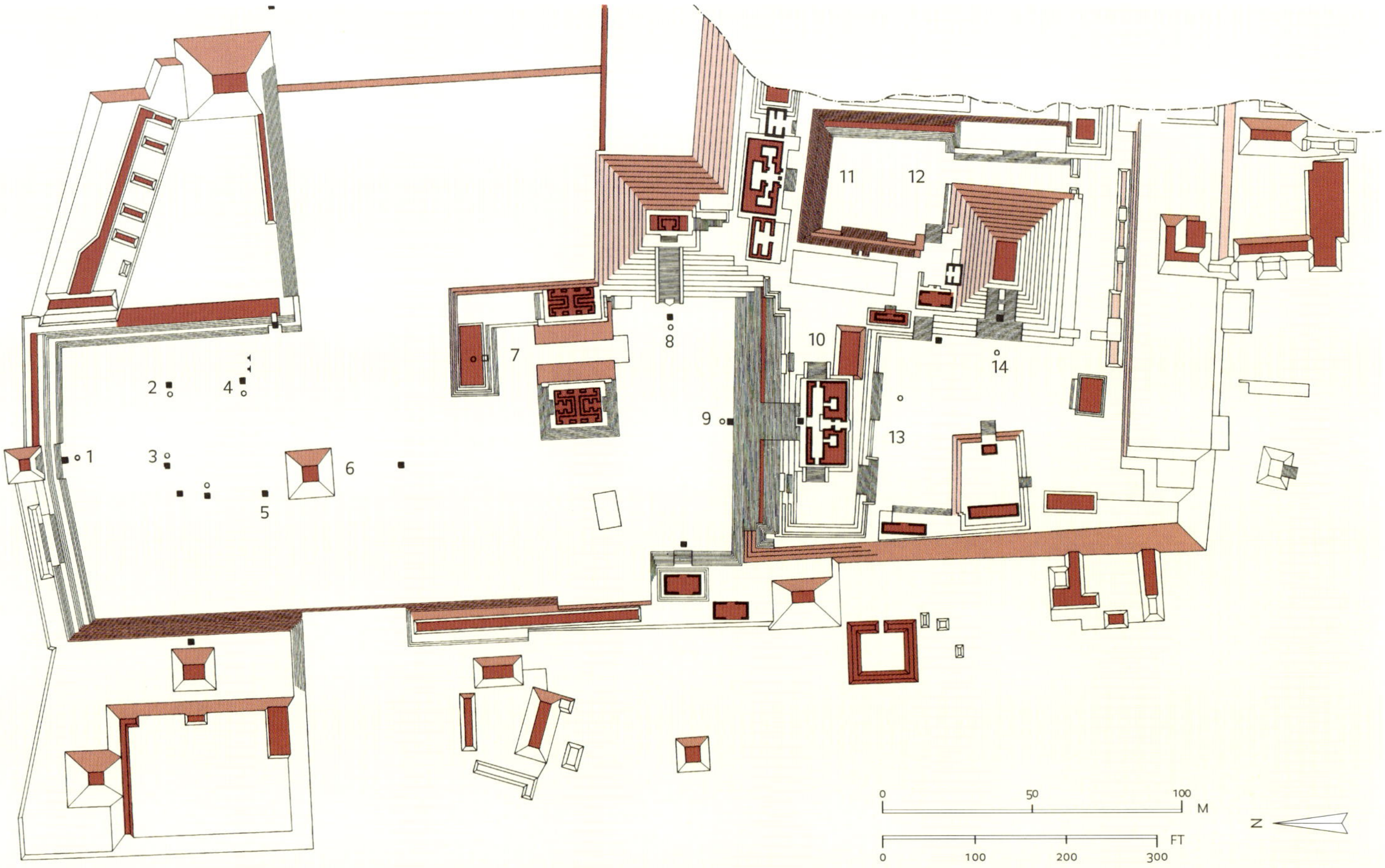

1
2
3
4
5
6
7
8
9
10
11
12
13
14
0
50
100
M
0
100
200
300
FT
N

Oben

Stele und Altar in Copán
Auf der Terrasse vor dem Ballspielplatz in Copán sind eine Reihe von Monolithen aufgestellt. Die Verbindung von Altar und Stele – hier die 721 n. Chr. aufgestellte Gruppe F – bildet einen typischen Kultplatz.

Unten

Ein Herrscher von Copán
Wie in Quiriguá sind die Herrscher von Copán auf den Gedenksteinen en face dargestellt. Die hier abgebildete Stele H aus dem Jahre 782 n. Chr., die noch Farbspuren aufweist, zeigt einen reichen König mit prächtigem Feder- und Jadeschmuck und einem Helm in Gestalt einer Jaguarmaske.

Seite 60 oben

Ansicht des Zentrums von Copán
Copán war eine der bedeutenden Städte in der klassischen Periode der Maya. Der am südlichsten Rand des Maya-Gebietes gelegene Stadtstaat hatte seine Glanzzeit um 700 n. Chr. Die Ansicht des Hauptplatzes zeigt links den Ballspielplatz und dessen geböschte Einfassung und rechts die zur Hauptpyramide des Ortes hinaufführende Hieroglyphentreppe.

Seite 60 unten

Lageplan des Zeremonialzentrums von Copán in Honduras

1. Stele D
2. Stele F
3. Stele C
4. Stele H
5. Stele A
6. Pyramide
7. Ballspielplatz
8. Hieroglyphentreppe
9. Stele N und große Treppe
10. Zuschauertribüne
11. Bau 22
12. Osthof
13. Westhof
14. Südliche Pyramide

Die Hieroglyphentreppe von Copán
Die Treppe, die zu der Pyramide hinaufführt, die das Zeremonialzentrum von Copán beherrscht, zeigt an den Vorderseiten ihrer Stufen eine lange, skulptierte Inschrift. Sie hat nicht weniger als 2 500 Glyphen, deren Daten den Zeitraum zwischen den Jahren 545 und 757 n. Chr. umfassen.

Seite 63
Fackelträger in Copán
Diese Skulptur an einer Seite der Hieroglyphentreppe, die vom Westhof zur Terrasse hinaufführt, der als »Zuschauertribüne« bezeichnet wird, stellt eine Gewittergottheit dar. Sie trägt das Symbol des Blitzes in der Hand und stammt aus dem Jahr 762 n. Chr.

Künstliche Akropolis

Auf dem Staatsgebiet der heutigen Republik Honduras liegt, nur 50 km von Quiriguá entfernt, Copán, eine der eigentümlichsten Städte des klassischen Maya-Zeitalters. Sie beherrscht eine Hügellandschaft am Ufer des Río Copán, eines Nebenflusses des Río Motagua. Hochwasser hat die an seinem östlichen Ufer erbaute Akropolis unterspült und teilweise zum Einsturz gebracht, womit ein stratigraphischer Vertikalschnitt entstand, der offenbarte, daß das Zeremonialzentrum von Copán zum größten Teil auf einer künstlich aufgeschütteten Terrasse errichtet wurde.

Das Zentrum der Stadt erstreckt sich über ein 500 m langes und 300 m breites Rechteck. Der größte Teil dieser Esplanade, sorgfältig nivelliert und von Erdwällen eingefaßt, auf denen sich Plattformen und Pyramiden erheben, ist künstlich aufgeschüttet. Die Maya haben hier fast 1 000 000 m^3 Material aufgehäuft, um den bis zu 30 m hohen und 3,5 ha großen Platz anzulegen, auf dem Dutzende von Stelen stehen. Die höchsten Pyramiden erheben sich 38 m über dem Wasserlauf am Fuße der Esplanade.

Copán ist während des vergangenen Jahrzehnts Gegenstand umfangreicher Ausgrabungen und Restaurierungen gewesen. Insbesondere hat man auf der Akropolis die eindrucksvolle Hieroglyphentreppe restauriert, nachdem man dort ein unterirdisches Grab freigelegt hatte. Auf den 63 Stufen dieser Treppe sind annähernd 2 500 Schriftzeichen skulptiert: die größte Inschrift auf Stein, die bisher auf dem Gebiet der Maya-Kultur entdeckt wurde. Unglücklicherweise haben die Zerstörun-

gen der Zeit und der Eifer der ersten Ausgräber die ursprüngliche Folge der Zeichen so durcheinander gebracht, daß die Gelehrten sich nur darüber einig sind, daß die Inschrift eine Folge von Daten darstellt, die den Zeitraum von 545 bis 757 n. Chr. umfassen. Diese von skulptierten Treppenwangen eingefaßte monumentale Treppe führt zu einer kleinen Cella, die das Allerheiligste der Pyramide beinhaltet.

Ebenfalls an der Südostseite des großen Platzes, jedoch östlich dieser Pyramide, erhebt sich der Tempel 22, der von Maudsley 1885 erstmals neben den anderen Monumenten in Copán fotografiert wurde. Der Eingang dieses Tempels besteht aus einer Tür, die in einen Reliefrahmen gefaßt ist, so daß sie als Eingang ins das Jenseits erscheint. Dieses Gebäude beherrscht den Ostplatz, der – ebenso wie der Westplatz – auf einer höheren Ebene als der Große Platz im Norden angelegt ist. Große Freitreppen vermitteln zwischen den verschiedenen Ebenen der Anlage und heben das Ensemble der Bauten auf der Akropolis eindrücklich hervor.

Zu einer weiteren Pyramide am westlichen Ende der Südseite des Großen Platzes führt eine nicht weniger als 90 m breite Freitreppe hinauf. An der Rückwand stand ein Palast, der die Terrasse beherrschte, die man als »Zuschauertribüne« bezeichnet hat. Von dieser Tribüne blickt man auf den Westplatz, zu dem eine weitere Hieroglyphentreppe hinabführt.

Der überlieferte Zustand der Monumente von Copán entspricht fast gänzlich dem Werk eines einzigen Herrschers, Yax Pak, der 763 n. Chr. an die Macht kam und mehr als 40 Jahre regierte. Auf der Stele Nr. 11 ist seiner Apotheose im Jahre 810 n. Chr. gedacht, dort wurde er als »Vater des Volkes« gerühmt. Noch kurz vor dem endgültigen Niedergang hatte Yax Pak das Ensemble der Bauten auf der Akropolis von Copán umgestaltet, zu einer Zeit also, als der Verfall in den Städten der Maya auf dem Gebiet des heutigen Staates Guatemala schon längst begonnen hatte.

Eingangstor von Bau 22 in Copán
Der 764 n. Chr. datierte Eingang zum Bau 22 in Copán zeigt beiderseits der Türöffnung zwei auf riesigen Totenschädeln kniende Atlanten. Sie tragen eine Schlange mit zwei Köpfen, deren Windungen die Türöffnung rahmen. Die Himmelsschlange umschließt so den Eingang zur Unterwelt.

Der Maya-Kalender und die Mathematik

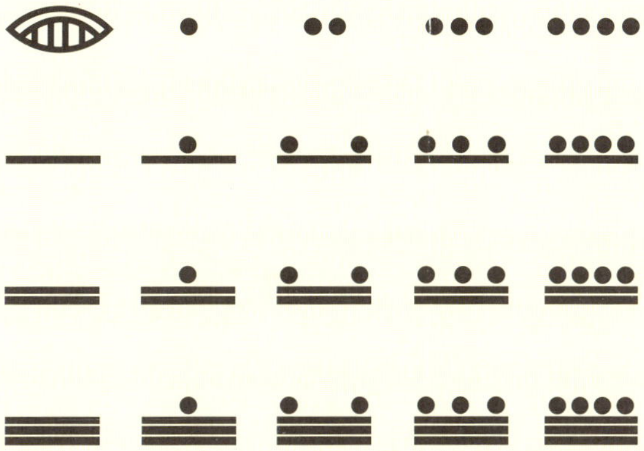

Datierte Inschriften
Datierte Inschriften haben zuerst die Olmeken an ihren Monumenten angebracht. Das links abgebildete Fragment der Stele C von Tres Zapotes (Veracruz) zeigt das älteste bekannte Datum in der Langrechnung, derer sich später die Maya bedienten. Schon hier werden die Zahlen durch Punkte (im Wert von 1) und Balken (im Wert von 5) nach dem nebenstehend schematisch dargestellten System ausgedrückt. Das auf der Stele verzeichnete Datum wird von einigen Gelehrten als das dem Jahr 31 v. Chr. entsprechende gelesen. (Mexiko-Stadt, Museo Nacional de Antropología)

Ehe die jüngsten Fortschritte bei der Entzifferung der Maya-Schrift gelangen, konnte man den Maya-Kalender lesen und das Zahlensystem verstehen. Dies ermöglichten die Angaben der um 1560 verfaßten »Relación de las Cosas de Yucatán« von Diego de Landa, Bischof der Provinz Yucatán, und einige Handschriften der Maya, die de Landas Bemühen, das Heidentum der Eingeborenen auszurotten, entgangen waren.

Bei den Maya standen Punkte für Zahlen im Wert von 1 und Balken im Wert von 5. Sie rechneten aber mit einem Stellensystem, in dem ein Basiszeichen als 0 fungierte. Dieses System war nicht wie das abendländische ein Dezimal-, sondern ein Vigesimalsystem. Dementsprechend beruhte das Stellenwertsystem nicht auf der Grundlage der Zahl 10 und ihre Erweiterung um jeweils eine 0, sondern es gibt Kolonnen von Einern, Zwanzigern, Vierhundertern, Achttausendern und so fort. Sie wurden übrigens nicht von rechts nach links, sondern von unten nach oben gelesen. Nach diesem System notierten die Maya die Daten ihres Kalenders, nur daß sie es etwas modifizierten.

Die Maya bestimmten ein Datum nach zwei parallel laufenden Zeitrechnungssystemen, von denen der Sonnenkalender auf dem Sonnenjahr von 365 Tagen beruhte, eingeteilt in 18 Monate zu 20 Tagen und 5 ungezählte als »leere« Tage angefügt. Bei dem Ritualkalender handelte es sich um einen 260-Tage-Jahreszyklus, nach dem sich das zeremonielle wie auch das private Leben der Maya richtete. Das heilige Jahr war eine festgelegte Folge von 260 Tagen, die unterteilt wurden in 20 Tagesnamen und in eine Zählreihe von 1 bis 13. Nach 73 Wiederholungen des Ritualkalenders hatte der Sonnenkalender sich 52 mal wiederholt, und beide Zyklen begannen wieder am gleichen Ausgangspunkt. Der Zyklus von 18890 Tagen bzw. 52 Sonnenjahren war für viele Völker Mesoamerikas die größte Zeiteinheit ihrer Rechnung, eine Art Epoche.

Die sogenannte »Langrechnung« diente den Maya in den Inschriften der klassischen Zeit zur Datierung von Ereignissen. Hier handelt es sich um ein System, bei dem fünf Zahlen miteinander verknüpft werden. Dabei steht *kin* für 1 Tag, *uinal* für 20 Tage, *tun* bedeutet 18 x 20 (= 360) Tage. 20 *tun* ergeben 1 *katun* (= 7200 Tage), 20 *katun* entsprachen 1 *baktun* (= 144 000 Tage), was 394,5 Sonnenjahre ergibt.

Um nun ein fünfstelliges Datum zu lesen, etwa 9.13.16.5.8., muß man folgende Addition durchführen:

9 *baktun*	von je	144 000 Tagen	–	1 296 000 Tage
13 *katun*	von je	7 200 Tagen	–	93 600 Tage
16 *tun*	von je	360 Tagen	–	5 760 Tage
5 *uinal*	von je	20 Tagen	–	100 Tage
8 *kin*	von je	1 Tag	–	8 Tage

und kommt auf eine Summe von 1 395 468 Tagen oder annähernd 3 823 Jahren. Wenn man die heute übliche Korrelation der Maya-Daten mit denen unserer Zeitrechnung gelten läßt, entspricht das Anfangsdatum (0 *baktun*) der »Langrechnung« dem Jahre 3116 v. Chr.

Seit dem 8. Jahrhundert setzte sich allmählich eine vereinfachte Datierung durch, die sogenannte »kurze Rechnung«, die nur noch drei Schriftzeichen erforderte: die Zahl des *katun*, die Zahl des »Tages« zusammen mit der Zahl des »Monats«.

Das Vigesimalsystem gestattete die Berechnung erheblicher Zeitspannen. So konnte auch über die mehrfache Multiplikation mit dem *baktun* von 144 000 Tagen hinaus mit Einheiten von 20 *baktun*, 20 x 20 und so weiter gerechnet werden. Ein *baktun* mal 160 000 (20 x 20 x 20 x 20) ergab einen *alautun*, das entspricht einer Dauer von 23 Milliarden und 40 Millionen Tagen, etwas mehr als 63 Millionen Jahren. Solche Zahlenvorstellungen wären Griechen und Römern zweifellos schwergefallen.

Die Glanzzeit von Palenque

Blüte der Kunst in Chiapas

Seite 67
Detail der Tafel der Sklaven
Das Sandsteinrelief zeigt einen Herrscher aus Palenque im Profil mit dem deutlich erkennbaren bis zur Stirn hochgezogen Nasenrücken, einem ästhetischen Merkmal der Maya. Die berühmte Tafel der Sklaven wird in das Jahr 730 n. Chr. datiert. (Palenque, Museum von Palenque)

Die westliche Zone des Maya-Siedlungsgebietes in den Grenzen des heutigen mexikanischen Bundesstaates Chiapas wird im Nordosten vom Río Usumacinta begrenzt, im Westen vom Río Grijalva. Schon vor ihrer Mündung in den Golf von Mexiko mischen sich die Gewässer durch ihre Nebenarme im sumpfigen Tiefland des Staates Tabasco, dem einstigen Siedlungsgebiet der Olmeken. Dieses Volk hat während der späten präklassischen Periode der Maya-Kultur (400–250 v. Chr.) alle Stämme, die mit ihm in Berührung kamen, kulturell nachhaltig beeinflußt.

Das von üppiger Vegetation bedeckte Tiefland von Chiapas muß zur Blütezeit der Maya-Kultur dicht besiedelt gewesen sein. In jüngerer Vergangenheit hat man dort die jahrhundertelang im tropischen Regenwald verborgenen Ruinen von nicht weniger als 70 Städten entdeckt. Die bedeutendsten unter ihnen sind – neben Palenque – Yaxchilán, am westlichen Ufer des Río Usumacinta, sowie, weiter westlich, Bonampak, Toniná, Teapa, Simojovel, Jonuta und Comalcalco. Die Stadt Piedras Negras am östlichen – heute guatemaltekischen – Ufer des Río Usumacinta ist aus stilistischen Gründen derselben Kunstprovinz zuzurechnen.

Palenque, inmitten des von vielen Strömen durchflossenen Regenwaldgebietes, ist vielleicht die eindrucksvollste der großen Städte, deren Ruinen noch heute vom Glanz des klassischen Zeitalters der Maya-Kultur zeugen. In den nördlichen Ausläufern der Sierra Madre gelegen, befindet sich die Stadt auf einer Anhöhe, von der man weit nach Norden blicken kann. Im Süden steigt das Gelände in einer Folge von drei Stufen an. Mitten durch die Stadt fließt ein kleiner Nebenfluß des Río Usumacinta, der Río Otolum. In der Nähe der großen Prunkbauten, deren Mauern er bei Hochwasser zu unterspülen drohte, wurde dieser Fluß von den Maya kanalisiert und durch einen Aquädukt geleitet. Man nimmt an, daß die eigentliche Stadt mit ihren Hütten eine Ausdehnung von annähernd 6 km hatte. Reste von Mauerwerk hat man in ostwestlicher Richtung selbst noch nach 200 m und in nordsüdlicher nach 1 000 m gefunden.

Die wichtigsten Bauten und Anlagen – Pyramiden, Paläste und Ballspielplatz – sind seitlich des Großen Platzes angeordnet. Dort findet man ein Palastgebäude mit mehreren Innenhöfen und den Tempel der Inschriften. Östlich von dieser Hauptgebäudegruppe befindet sich der Komplex des Tempels des Kreuzes, nördlich derselben das Ensemble beim sogenannten Tempel des Grafen.

Entdeckungsgeschichte von Palenque

Räucherfaß mit Reliefschmuck
In diesem röhrenartigen Terrakottagefäß, das mehrere Gottheiten übereinander zeigt, verbrannten die Priester Kopal, eine Art Harz, der den Maya als Weihrauch diente. (Villahermosa, Tabasco-Museum)

Palenque war eine der ersten Stätten, wo Ausgrabungen in die Wege geleitet wurden. König Karl III. von Spanien, als Karl IV. König von Neapel und Sizilien, verfolgte begeistert die Ausgrabungsarbeiten in Pompeji und schickte im Jahre 1786 Hauptmann Antonio del Río nach Chiapas, um die Ruinen von Palenque zu erforschen. Die Expedition fand 1787 statt und steht für den Beginn der allgemeinen archäologischen Erforschung der präkolumbischen Kultur. Die Forschungsergebnisse stießen jedoch zunächst auf Widerstand und konnten erst 1822 veröffentlicht werden.

In den Jahren 1805–1806 waren Guillaume Dupaix und der mexikanische Zeich-

ner José Luciano Castañeda im Auftrag von Karl IV. in Palenque. Fast 30 Jahre danach, im Jahre 1834, wurden die Berichte Dupaix' über die »Antiquités Mexicaines« – eine Würdigung von Kalk- und Stuckreliefs – mit Lithographien nach den Zeichnungen Castañedas in Paris veröffentlicht.

Johann-Friedrich Maximilian von Waldeck – ein Schüler Jacques Louis Davids – verbrachte um 1832 mehr als ein Jahr in den Ruinen von Palenque und fertigte zahlreiche Zeichnungen der Tempel und Monumente von Palenque an. Aber wie seine Vorgänger Antonio del Río und Guillaume Dupaix verfremdete er die Natur, um die Bauten besser hervorheben zu können, und ließ aus Gründen klassizistischer Ästhetik die Polychromie bei der Darstellung der Gebäude außer acht. Auch sein Werk wurde erst sehr viel später, 1866, veröffentlicht.

Dank der Forschungsergebnisse zweier Amerikaner, des Rechtsanwaltes John Lloyd Stephens und des Architekten Frederick Catherwood wurde Palenque erstmals einem breiten Publikum zugänglich gemacht. Die präzisen Zeichnungen Catherwoods sind mit Hilfe der *camera lucida*, einem Vorläufer der Fotokamera, entstanden. Ihr Buch »Incidents of Travel in Central America« erschien 1842 in New York. Stephens und Catherwood erstellten ein ebenso romantisches wie für die damalige Zeit wissenschaftlich präzises Bild einer Reihe von Maya-Städten.

Es folgten weitere archäologische Expeditionen nach Palenque. Man unternahm zahlreiche Ausgrabungen und Restaurierungen. Eine der größten Sensationen in der präkolumbischen Archäologie war die Entdeckung der Krypta im Tempel der Inschriften durch Alberto Ruz Lhuillier im Jahr 1952. Die Freilegung des Grabes König

Tempel der Inschriften
Im Zentrum der Stadt Palenque befindet sich der Tempel der Inschriften. In der Cella des auf der Stufenpyramide erbauten Tempels wurde 1952 der verborgene Eingang eines Treppenschachtes entdeckt. Er führt zu einer Krypta, in der man das Grab des Herrschers Pacal fand, der die Stadt von 615–683 n. Chr. regierte.

Die Ruinen von Palenque
Palenque liegt in den Ausläufern der Sierra Madre und dominiert die Ebene von Chiapas, die sich nach Norden bis zum Mündungsdelta des Río Usumacinta erstreckt. Links der Tempel der Inschriften, in der Mitte der Große Palast mit seinem Turm.

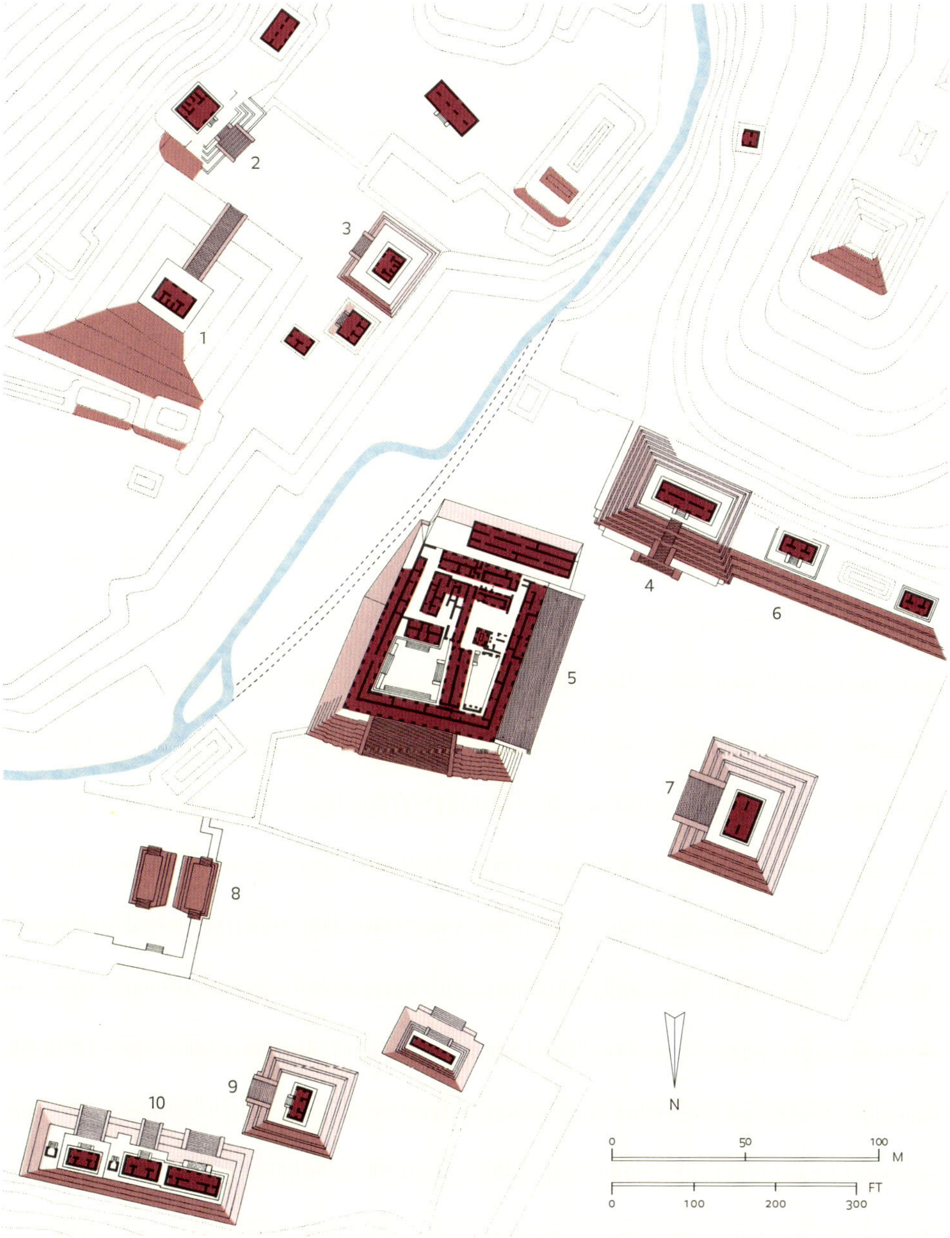

Lageplan des Zeremonialzentrums der Stadt Palenque

1. Tempel des Kreuzes
2. Tempel des Blattkreuzes
3. Tempel der Sonne
4. Tempel der Inschriften
5. Großer Palast
6. Bau 13
7. Bau 11
8. Ballspielplatz
9. Tempel des Grafen
10. Nordgruppe

Blick auf Palenque
Am Fuße dicht bewaldeter Abhänge liegen die Hauptgebäude des Zeremonialzentrums: links der Große Palast mit seinen Innenhöfen, dahinter der Tempel der Sonne und der Tempel des Kreuzes, rechts der Tempel der Inschriften.

Vorhalle des Tempels der Inschriften
Hinter den Pfeilern der Fassade verläuft ein mit einem hohen Kraggewölbe gedeckter Korridor.

Frontseite des Tempels der Inschriften
Zur Cella des Tempels der Inschriften führt eine Treppe, an deren Fuß ein runder Steintisch – ein Opferaltar – auf vier zylindrischen Beinen steht.

Pacals mit all seinen Schätzen und Zeugnissen über die Bestattungsrituale der Maya machte die Neubewertung der bisherigen Forschungsergebnisse notwendig, denn erstmals wurde belegt, daß die Tempelpyramiden der Maya den Herrschern auch als Grabmonumente dienten. Weiterer Aufschluß über die Maya-Kultur und die Revision alter Anschauungen wurden möglich, als die Hieroglyphen-Inschriften der Maya, von denen gerade in Palenque viele bedeutende zu finden sind, weitgehend entschlüsselt worden waren. Daran waren maßgeblich Linda Schele und David Freidel beteiligt. Sie veröffentlichten ihre Forschungsergebnisse 1990 in dem Buch »A Forest of Kings«. Die Chronologie und die Regierungszeiten der Herrscher waren für die Archäologen bisher teilweise strittig und erlaubten daher keine genaue Datierung der Bauten von Palenque. Viele Fragen bezüglich des klassischen Palenque und der Entstehung seiner Bauten lassen sich daher erst jetzt präziser beantworten.

Die Bauten von Palenque

Dem Besucher von Palenque bieten die Ruinen der alten Stadt einen spektakulären Anblick. Nachdem sich der Weg einen langen Hang hinaufgeschlängelt hat, führt er auf einen großen Platz, hinter dem sich dicht bewaldete, steile Hügel erheben. Rechter Hand erheben sich drei Pyramiden, deren bedeutendste neun Stufen hoch ist. Eine lange Treppe führt zur oberen Plattform hinauf, wo, abermals durch einen Sockel erhöht, der Tempel der Inschriften steht. Noch unterhalb der Basis der Pyramide wurden in einer Grabkammer die sterblichen Überreste König Pacals mit seinen Schätzen gefunden. Vor sich erblickt man den Großen Palast. Eine breite Freitreppe führt zu einer Pfeilergalerie, die mit einem Kraggewölbe aus Beton gedeckt ist. Hinter dieser Fassade erhebt sich ein dreistöckiger, über 20 m hoher, quadratischer Turm. Der Große Palast ist ein rechteckiger Gebäudekomplex, der um drei von Galerien eingefaßte Innenhöfe angeordnet ist.

Am anderen Ufer des Río Otolum erblickt man auf einer höher gelegenen Ebene eine Gruppe von Pyramiden, deren Tempel von hohen Dachzierkämmen bekrönt sind. Sie sind ebenfalls um einen Platz angeordnet: Links erhebt sich der Tempel des Kreuzes, im Hintergrund der Tempel des Blattkreuzes und ihm gegenüber der Tempel der Sonne. Schließlich folgt nördlich des Großen Platzes, etwas tiefer gelegen, der Ballspielplatz und der Tempel des Grafen, der im Gegensatz zur stark verfallenen Nordgruppe vor kurzem restauriert wurde. Auch die das Zentrum der Stadt umgebenden Hügel sind von Gebäuderesten bekrönt, die bei den bisherigen Ausgrabungen noch nicht berücksichtigt wurden.

Eine Besonderheit der Architektur von Palenque ist die Gestaltung der Betondecken, die Mansardendächern ähneln. Überdies waren die Fassaden der Bauten mit Reliefs und rundplastischen Figuren in leuchtend polychromem Stuck geschmückt.

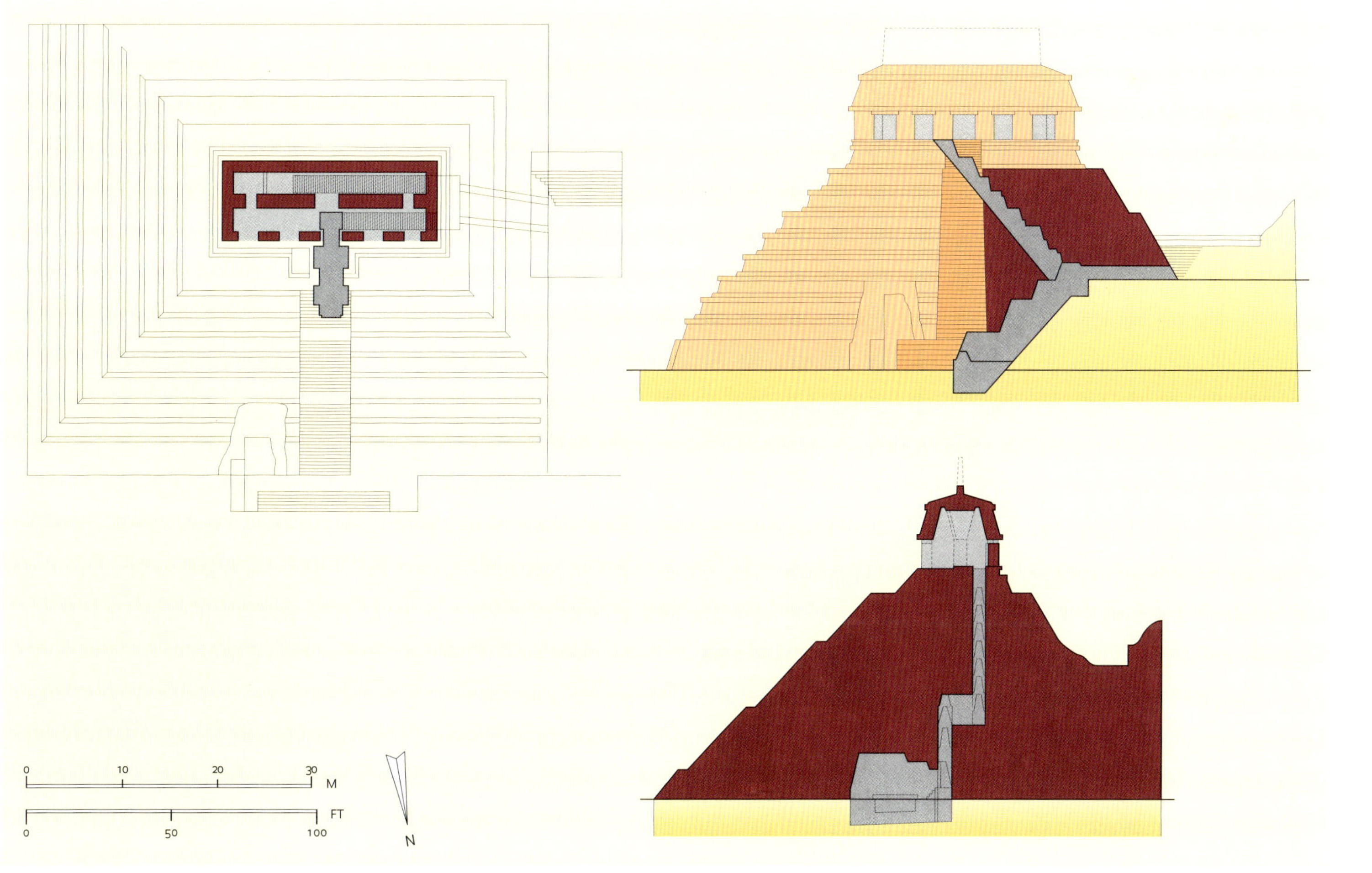

Grund- und Aufriß, Längs- und Querschnitt des Tempels der Inschriften in Palenque
Die Zeichnungen zeigen die von der Cella in die Grabkammer führende Treppe. Die 1952 gefundene Anlage ist die einzige, die bisher in dieser Form im Maya-Gebiet entdeckt wurde.

Ein Herrscher namens Pacal

Bildnis eines jungen Königs
Der 29 cm hohe Stuckkopf zeigt den jugendlichen König Pacal, dem in Palenque eine fast 70jährige Regierungszeit vergönnt war. (Mexiko-Stadt, Museo Nacional de Antropología)

Erst vor annähernd 20 Jahren hat man die Hieroglyphen entziffert, die den Namen des in der 1952 entdeckten Krypta unter dem Tempel der Inschriften bestatteten Herrschers verrieten. So weiß man jetzt, daß Pacal im Jahre 603 n. Chr. als Sohn der Königin Zak Kuk geboren wurde, er 615 als 12jähriger den Thron bestieg, und ihm 635 sein Sohn Chan Bahlum geboren wurde. Den Reliefbildern zufolge hatte dieser »Schlangenjaguar« (so die Übersetzung seines Namens) sechs Finger an einer Hand und sechs Zehen an einem Fuß, eine Mißbildung, die zweifellos als Zeichen seiner göttlichen Natur angesehen wurde.

Den Inschriften ist weiter zu entnehmen, daß Chan Bahlum 641 als Thronerbe eingesetzt wurde. Auf die Thronfolge mußte der Jüngling jedoch über 40 Jahre warten, denn Pacal regierte bis zu seinem 85. Lebensjahr. Er weihte 647 den ersten unter seiner Regierung erbauten Tempel, später als Tempel des Grafen bezeichnet.

Als Pacal die Grabkammer und darüber die Pyramide erbauen ließ, war seine Regierungszeit bereits weit fortgeschritten: Die Daten der zahlreichen dargebrachten Opfer und vollzogenen Zeremonien sind in der Grabkammer verzeichnet. Auf der obersten Plattform der Pyramide errichtete er schließlich den Tempel der Inschriften. 683 n. Chr. wurden hier seine sterblichen Überreste beigesetzt, als er acht Jahre, nachdem er für seine letzte Ruhestätte gesorgt hatte, verstorben war. Dem inzwischen fast 50jährigen Chan Bahlum war noch eine 18jährige Herrschaft über die Stadt beschieden, bis er im Jahre 702 n. Chr. starb.

Den Inschriften ist zu entnehmen, daß diese beiden Herrscher während des 7. Jahrhunderts fast alle wichtigen Bauten der Stadt errichtet haben. Pacal war der Bauherr des Tempels des Grafen, eines großen Teils des Palastes und des Tempels der Inschriften. Sein Sohn Chan Bahlum ließ den Komplex um den Tempel des Kreuzes und die benachbarten Pyramiden erbauen.

Treppe in die Grabkammer des Tempels der Inschriften
Der Treppenschacht, der zur Grabkammer des Tempels der Inschriften führt, ist mit Kraggewölben gedeckt. Rechts befindet sich ein dem Lauf der Treppe folgender, gemauerter Kanal, der der Seele des Begrabenen gestatten sollte, auf Wunsch mit den Lebenden zu kommunizieren.

Relieffigur am Eingang der Krypta
Die Zeichnung zeigt eine der in Relief ausgeführten Figuren, die – mit den Insignien königlicher Würde ausgestattet (Quetzalfederkrone, Zepter und Schild) – beiderseits des Eingangs der Krypta über die Ruhe der Toten wachen. (Nach Alberto Ruz)

Der Tempel der Inschriften und seine Krypta

Während die Pyramiden von Tikal nur über eine winzige Cella verfügen, steht auf dem massigen Sockel der Stufenpyramide in Palenque ein 22 m breiter und 7 m tiefer Tempel mit fünf Fassadeneingängen. Von der oberen Plattform der Pyramide führen an einem massiven Sockel acht Stufen zum mittleren Eingang des Tempels hinauf. Das charakteristische »Mansardendach« war einst von einem hohen Dachkamm bekrönt, von dem jedoch nur noch einzelne Teile erhalten sind.

Hinter den fünf Türöffnungen der Fassade liegt unter einem hohen Betongewölbe ein Korridor, aus dem drei Türen in drei Räume führen. Die zuerst von Stephens und Catherwood veröffentlichten Inschriftentafeln befinden sich rechts und links der mittleren Tür und an der Rückwand des mittleren Raumes.

Auch die Pfeiler zwischen den Türöffnungen sind noch mit Resten von Stuckreliefs verkleidet. Pyramide, Tempel und Dachkamm waren gemauert und mit Steinplatten verblendet sowie höchstwahrscheinlich mit einem Überzug farbigen Stucks versehen. Die Darstellungen auf den Überresten der Stuckreliefs an den Pfeilern sind teilweise noch zu erkennen, darunter auch Pacals Thronfolger Chan Bahlum, der die Grabstätte nach dessen Tod vollendete.

Dieses Grab, das Alberto Lhullier Ruz in einer Tiefe von 26 m unterhalb des Tempelbodens hinter einer drehbaren, dreieckigen Steintür entdeckte, ist eine gewölbte Krypta, die 4 m breit und 9 m lang ist. Sie wird fast gänzlich von einem riesigen, annähernd 15 Tonnen schweren, aus einem Monolithen gefertigten Sarkophag eingenommen, den eine 2,2 m breite, 3,8 m lange und annähernd 5,5 Tonnen schwere skulptierte Grabplatte bedeckt.

Aus den Maßen und der Beschaffenheit des Sarkophags und aufgrund der Tatsache, daß es nur einen einzigen Zugang zur Krypta durch eine sehr enge und steil hinabführende Treppe gibt, kann geschlossen werden, daß Pacal dort nicht nach Er-

Grabkammer König Pacals
Unter dem mächtigen Gewölbe, das die Masse des Tempels der Inschriften trug und der 5,5 Tonnen schweren, skulptierten Grabplatte ruhten bis zum 13. Juni 1952 die sterblichen Überreste König Pacals in diesem Monolith-Sarkophag. Die rechte Fotografie wurde am Tag der Entdeckung der Krypta aufgenommen.

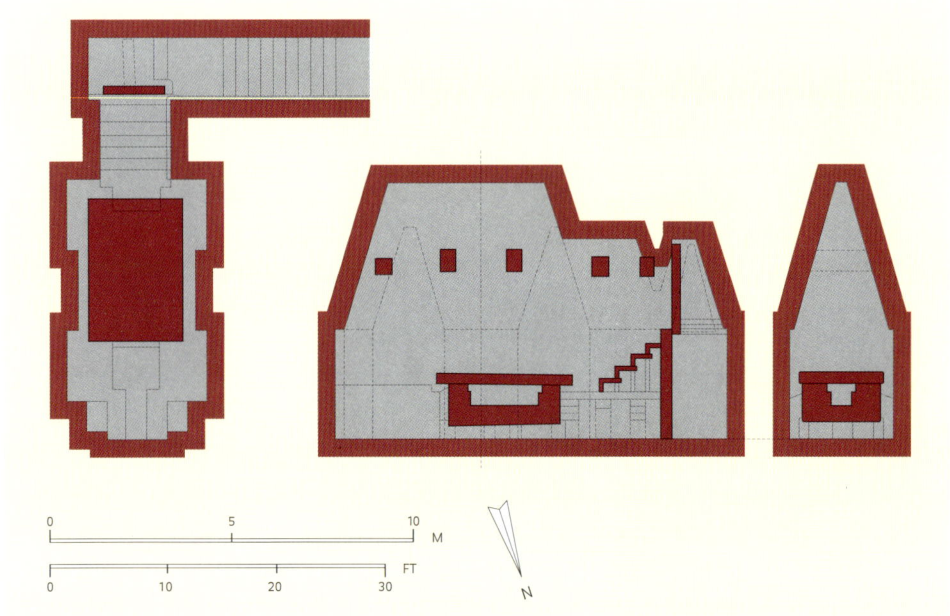

Grundriß, Längs- und Querschnitt der Krypta des Tempels der Inschriften
Die Architekten trugen dem Gewicht der auf der Krypta (spätes 7. Jahrhundert n. Chr.) lastenden Baumasse durch den Bau von Kreuzgewölben Rechnung.

Bildnis König Pacals
Das 43 cm hohe Stuckbildnis König Pacals wurde in der Krypta des Tempels der Inschriften unter seinem Sarkophag gefunden. Es zeigt ihn im besten Alter um die Mitte des 7. Jahrhunderts. Auch hier kommt die typische, künstlich veränderte Nase sehr deutlich zum Ausdruck. (Mexiko-Stadt, Museo Nacional de Antropología)

Totenmaske aus Jademosaik
Diese 24 cm hohe Maske bedeckte das Gesicht des Toten und war aus grüner Jade gefertigt. Die Augen sind aus Perlmutt, deren Iris als Obsidian eingelegt ist. Sie besteht aus über 200 Fragmenten, die teilweise von dem Archäologen Alberto Ruz zusammengesetzt wurden. Im Mund der Totenmaske liegt ein T-förmiges Amulett zum Schutz des Toten. (Mexiko-Stadt, Museo Nacional de Antropología)

richtung der Pyramide bestattet wurde, sondern daß man die Pyramide mit dem Tempel über dem Sarkophag und der Grabkammer errichtet hat. In der Grabkammer fanden sich zudem zahlreiche Schmuckstücke und Weihgaben sowie zwei Stuckköpfe und eine außergewöhnliche Grabmaske in Jade-Mosaikarbeit.

Der Bau der Krypta spiegelt die Virtuosität der Maya-Architekten des 7. Jahrhunderts. Um ihrem Einsturz unter dem erheblichen Druck der Pyramidenmasse (mehr als 50 000 Tonnen) vorzubeugen, wurde sie mit einem Kreuzgewölbe versehen. Zu diesem Zweck haben die Maya an den beiden Enden des Raumes – der im übrigen nach dem Muster der traditionellen Maya-Hütte konstruiert ist – zurückspringende transversale Nischen gebaut, deren Gewölbe quer zu dem des Hauptraumes stehen. Diese Nischen fungieren als Querschiffe, die die Wände der Krypta verstärken. Überdies werden die beiden Schrägflächen des Hauptgewölbes auf halber Höhe durch steinerne Querverstrebungen gesichert.

Die aufsehenerrregendste Entdeckung waren jedoch die Opfergaben, die vor dem Eingang des Grabsaals gefunden wurden: Skelette von fünf Personen beiderlei Geschlechts. Sie waren offenbar geopfert und dem Verstorbenen zu seiner Begleitung in das Totenreich, das die alten Maya *xibalba* nannten, mitgegeben worden.

Jadeschmuck als Weihegabe
Jade, dem grünen Stein, wurde in ganz Mesoamerika magische Kräfte zugeschrieben. Deshalb wurde er Verstorbenen zu ihrem Schutz mit ins Grab gegeben. Außer der Jademaske, die König Pacals Gesicht bedeckte, wurde ihm auch der links abgebildete Kopf in den Sarg gelegt, in dem man ein Bildnis des alten Königs vermuten darf, sowie ein Jadekopf des Sonnengottes. (Mexiko-Stadt, Museo Nacional de Antropología)

Schätze der Krypta

Im Inneren der Krypta zieht der riesige skulptierte Sarkophagdeckel die ganze Aufmerksamkeit auf sich. Auf mehr als 8 m^2 sind die kosmologischen Vorstellungen und religiösen Ideen der Maya künstlerisch dargestellt. In der Mitte des Basreliefs sieht man den Herrscher Pacal rücklings schweben oder in die Tiefe sinken, wo das aufgerissene Maul der Unterwelt, das an die olmekische Jaguarmaske erinnert, bereit ist, ihn zu verschlingen. Über ihm erhebt sich der kreuzförmige heilige Baum der Maya, dessen Äste sich in stilisierte Drachen verwandeln. Sie symbolisieren das Blut, ein wichtiges Element im Maya-Ritual und in der Religion der meisten präkolumbischen Kulturen. Auf dem heiligen Baum sitzt ein Himmelsvogel, der zugleich Vogel, Schlange und Gott ist. Eine doppelköpfige Schlange ist über die Kreuzarme des Baumes gehängt. Ihren aufgerissenen Mäulern am Rand der Bildfläche entschlüpfen die Köpfe zweier Gottheiten.

Weiß man die Einzelheiten und den Zusammenhang dieser Darstellung zu deuten, belehrt sie einen über den Zusammenhang der Welt und des Kosmos: Tage und Nächte, die Gestirne, Mond und Sonne sowie die Milchstraße bilden buchstäblich den Rahmen des Maya-Weltbildes, in dessen Zentrum König Pacal steht. Man erkennt, daß der Herrscher zum Mittler zwischen der Welt der Toten, der Lebenden und der Götter berufen, gleichermaßen mit der Dunkelheit der Unterwelt von *xibalba* und mit dem Licht der himmlischen Oberwelt vertraut ist.

An den Wänden des Sarkophags sind die Ahnen Pacals dargestellt: Sechs Generationen seines königlichen Geschlechts sind hier repräsentiert. Im Inneren des Sarkophags fanden Alberto Ruz und seine Mitarbeiter neben dem Skelett des Herrschers Schmuckstücke aus grüner Jade, die als Weihgaben dienten. Der Tote trug eine in Mosaik aus sehr intensiven grünen Jadesteinen gefertigte Maske, die ihm das Gesicht eines Unsterblichen verlieh. Die Augen aus Perlmutt, in denen Obsidian für die Iris eingelegt ist, auf welchen gemalte Pupillen zu erkennen sind, geben der Maske einen faszinierenden Ausdruck. Im Mund glänzt ein T-förmiges mit dem Regengott verbundenes Amulett, das das Fortleben des Verstorbenen sichern soll. Wie bei den Gesichtern, die im Basrelief dargestellt sind, ist auch bei dieser Maske der Nasenrücken durch ein Ornament hervorgehoben, das bis in die Mitte der Stirn reicht. Diese Verlängerung des Nasenrückens haben sich – vermutlich aus Schönheitsgründen – auch die Lebenden appliziert und aus einem plastischen Material auf der Basis von Gummi hergestellt.

Relief in der Krypta des Tempels der Inschriften
Die Zeichnung zeigt eine der in Relief ausgeführten Figuren auf der Platte, die vor dem Zugang zur Grabkammer in der Krypta angebracht war. Sie repräsentiert symbolisch das Jenseits im Rahmen der kosmologischen Weltauffassung der Maya.

Bauten des Königs Chan Bahlum
Pacals Sohn und Erbe Chan Bahlum ließ diese Gruppe von Tempeln in Palenque erbauen. Alle drei stehen auf pyramidenförmigen Sockeln. Der Tempel des Blattkreuzes (links) wurde 672 n. Chr. geweiht, der Tempel des Kreuzes 692 n. Chr. und der Tempel der Sonne 690 n. Chr. Alle drei haben eine Cella und sind mit dem für die Architektur von Palenque charakteristischen Mansardendach gedeckt, über das sich jeweils ein Dachkamm erhob.

Tempel des Kreuzes
Über sechs Stufen führt diese erst kürzlich restaurierte Treppe zur Cella des Tempels des Kreuzes in Palenque hinauf.

Tempel des Grafen
Auch der kleine Tempel des Grafen von der Nordgruppe in Palenque, über dessen pyramidalen Unterbau eine breite Treppe hinaufführt, ist kürzlich teilweise restauriert worden.

Tempel der Sonne
Der im Jahre 690 n. Chr. geweihte Tempel der Sonne zeigt die charakteristische Dachform der Tempel von Palenque. Die stark geneigten Seiten des Mansardendaches waren mit Stuckreliefs bedeckt, die jedoch durch die Vegetation sowie durch die Feuer, mit denen die ersten Forscher die Ruinen freizulegen versuchten, größtenteils zerstört worden sind.

Rekonstruktionszeichnung des Tempels der Sonne
Der Aufriß zeigt, daß auch bei diesem Bau das zuerst in der Krypta unter der Pyramide der Inschriften erprobte System der Kreuzgewölbe angewandt wurde. Zwei Korridore bilden »Querschiffe«, die ein »Hauptschiff« durchdringen. Die gegeneinander geneigten Seiten des Dachkammes sind durch einen Hohlraum voneinander getrennt.

Die Dachkämme der Maya-Tempel
Die durchbrochenen Dachkämme der Tempel von Palenque stellen die in Hochrelief ausgeführten Bilder der Götter und Herrscher weithin sichtbar zur Schau, vergleichbar mit den Giebelfeldern griechischer Tempel.

Unter dem Sarkophag fand man zwei Stuckköpfe von außerordentlichem künstlerischem Wert. Es handelt sich dabei um sehr kunstvoll modellierte Bildnisse Pacals, die ihn in verschiedenen Lebensaltern zeigen. Diese Stuckbildnisse überliefern das Abbild idealer Schönheit des großen Herrschers Pacal, der 68 Jahre lang die Geschicke von Palenque lenkte.

Die Gruppe des Kreuzes

Die Gruppe des Kreuzes umfaßt drei Pyramiden, die einen erhöhten Platz östlich des Tempels der Inschriften beherrschen. Sie ist das Werk Chan Bahlums, der seinem Vater Pacal auf den Thron folgte. Der nördliche dieser Tempel, dessen Front nach Süden orientiert ist, der Tempel des Kreuzes, wurde im Jahre 692 n. Chr. geweiht. 672 n. Chr. wurde der nach Westen gewandte Tempel des Blattkreuzes erbaut, und diesem gegenüber ließ Chan Bahlum 690 n. Chr. den Tempel der Sonne errichten.

Die drei Gebäude weisen wie die Grabkammer unter dem Tempel der Inschriften Kreuzgewölbe auf. Dies gestattete den Architekten, den Raum der beiden hintereinander liegenden Kammern zu vergrößern, ohne dadurch die Konstruktion zu schwächen. Der fast quadratische Tempel auf der abgestumpften Pyramide besteht aus einem Säulengang, der über drei mit Stuckdekorresten geschmückte Pfeiler verfügt. Auch das schräge Dach war mit Stuckdekor versehen. Aus der Vorhalle führt eine große Türöffnung in die hintere Kammer, in der eine Art Tabernakel steht. Dieses Innere des Tempels, das wie die Cella eines griechischen Tempels anmutet, war das eigentliche Heiligtum.

An der Rückwand dieses Raumes findet man Reliefs in hellem gelblichen Kalkstein. Stilistisch ähneln sie dem Relief auf dem Deckel des Sarkophags König Pacals. Sie stellen rituelle und mythologische Szenen dar, in denen die Götter den Herrschern Pacal und Chan Bahlum zur Seite stehen.

Die Durchgänge von der Vorhalle in die hinteren Kammern sind wie diese gewölbt. Beide Gewölbe, das der Durchgänge im rechten Winkel zur Fassade und das der hinteren Kammern parallel zur Fassade, bilden Kreuzgewölbe, die eine elegantere Verbindung und großzügigere Ausdehnung der Innenräume ermöglichten. Indessen haben die späteren Maya-Architekten von dieser unter Pacal und Chan Bahlum eingeführten bautechnischen Neuerung keinen Gebrauch gemacht. Nur in den Ruinen des toltekischen Chichén Itzá hat man einige Räume gefunden, deren Decken vielleicht von eben solchen Kreuzgewölben getragen wurden.

Die hohen Dachkämme, die alle drei Tempel überragten und beim Tempel des Kreuzes sowie beim Tempel der Sonne noch größtenteils erhalten sind, bestanden gewöhnlich aus zwei parallelen, ornamental durchbrochenen Mauern, die einander stützten. Auf diesen Mauern waren ursprünglich Stuckreliefs angebracht, die Herrscher und Gottheiten vorstellten. Die Funktion der *cresteria* der Maya-Tempel ist daher durchaus mit der der skulptierten Ziergiebel griechischer Tempel zu vergleichen.

Der Große Palast und seine Innenhöfe

Der Große Palast von Palenque ist ein ausgedehnter Gebäudekomplex, der in nordsüdlicher Richtung 85 m, in ostwestlicher 60 m mißt und somit eine Grundfläche von mehr als 5 000 m^2 umfaßt. Er liegt auf einem künstlich aufgeschütteten Sockel, an dem von drei Seiten, von Norden, Westen und Süden, breite Treppen hinaufführten. Der Sockel besteht zum großen Teil aus Trümmern und Resten älterer Bauten, auf denen König Pacal die neuen errichten ließ.

Den Palastkomplex umgeben Galerien in Form von Säulenhallen, die mit gemauerten »Mansardendächern« gedeckt waren. Die rechteckigen Außenwände der Pfeiler sind mit ehemals polychromen Stuckreliefs geschmückt, die Szenen des Pa-

Kreuzgewölbe im Tempel der Sonne
Die Innenansicht des Tempels der Sonne in Palenque zeigt die einander durchdringenden, aus Beton gegossenen Gewölbe der Vorhalle des Tempels. Aus der Vorhalle, die durch mehrere Türöffnungen Licht erhält, führt links eine weitere Türöffnung in die hintere Kammer (rechts), in das Heiligtum des Tempels.

Der Große Palast von Palenque
Vom Tempel der Inschriften blickt man auf die um Innenhöfe gruppierten Galerien und den dreigeschossigen Turm. Breite Freitreppen führen zu den Pfeilergalerien hinauf. Größtenteils verschwunden sind jedoch die Zierkämme, die die Dächer bekrönten. Der Gebäudekomplex entstand während des 7. und 8. Jahrhunderts.

Stuckrelief der Palastfassade
Die viereckigen Pfeiler der Galerien und die Dachflächen des Großen Palastes von Palenque waren ursprünglich mit farbig gefaßten Stuckreliefs geschmückt.

Galerie des Großen Palastes
Die gewölbten Pfeilergänge laufen um die Galerien des Großen Palastes, ähnlich wie die Kreuzgänge eines mittelalterlichen Klosters.

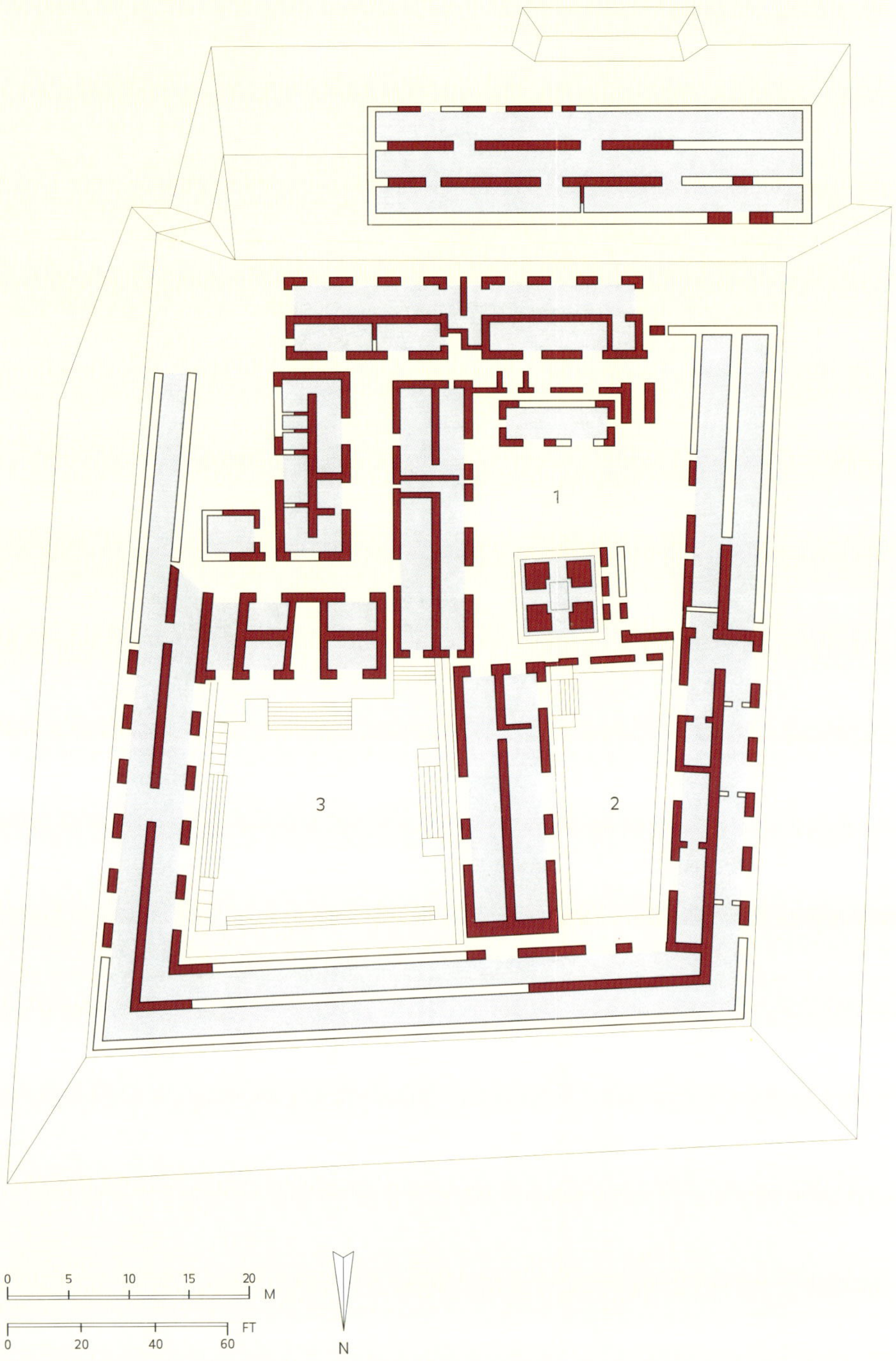

Grundriß des Großen Palastes von Palenque
Galerien umgeben die Innenhöfe des Palastes:
1. Turm
2. Westhof
3. Großer Platz

lastrituals zeigen. Hinter einer Trennmauer, die die schweren Betongewölbe trägt, läuft parallel zu der äußeren eine zweite Galerie. Diese öffnet sich zu den Innenhöfen, um welche die Gebäude gruppiert sind. Der an der nordwestlichen Ecke des Komplexes gelegene schmale Westhof liegt etwas tiefer als die ihn umgebenden Gebäude, ebenso der große Nordosthof, in den von allen Seiten breite Treppen hinabführen – ein unregelmäßiges Viereck bildend. Auf dem dritten Hof im Südwesten, dem sogenannten Turmhof, steht ein dreistöckiger, quadratischer Turm, aufgemauert aus vier starken Eckpfeilern. Er diente wahrscheinlich als Wachturm. Einer anderen Auffassung nach hätten die Maya von dort aus vor allem astronomische Beobachtungen vorgenommen. Jedoch hätten verschiedene andere Bauten auf den benachbarten Anhöhen – so der Bau 24 – diesem Zweck zweifellos besser entsprochen.

Innenhof des Großen Palastes
Über den Öffnungen zwischen den Pfeilern der Galerie liegen Balken aus Zapoteholz, die die Last des Betongewölbes tragen. Die mit Hieroglyphen skulptierte Treppe ist von Treppenwangen gefaßt, die ebenfalls mit Reliefskulpturen geschmückt sind.

Im Großen Palast wohnten der Herrscher, seine Familie und seine Vertrauten. In den Kellern wurden wahrscheinlich Vorräte gelagert. Die Galerien und Innenhöfe, insbesondere der Nordosthof mit seinen monolithischen Stelen und verkleidenden Steinplatten, deren Reliefs einen Figurenfries bilden, erscheinen als angemessener Rahmen für das höfische Zeremoniell.

Wie im Tempel zeigt sich auch in den Galerien und Kammern des Palastes ein technischer Fortschritt bei der Konstruktion der Kraggewölbe. Hier hat man Nischen aus der Oberfläche der Innenseiten der Wände gehöhlt. Damit wird das Gewicht des Mauerwerks vermindert, ohne daß dies eine Schwächung der Gewölbe zur Folge gehabt hätte.

Gleichzeitig mit diesen technischen Neuerungen erlebte die Kunst in Palenque mit den Darstellungen großer Szenen in skulptierten Basreliefs und dem Dekor in polychromem Stuck eine Blütezeit. Den mit Menschen- und Götterdarstellungen sowie mit Hieroglyphen bedeckten Tafeln verdankt man eine umfangreiche Kenntnis der Natur und der Geschichte der Herrscher und Götter der Maya.

Yaxchilán am Ufer des Río Usumacinta

In einer Schleife des Río Usumacinta – am Ufer des Flusses und den nächsten Anhöhen, deren steile Abhänge fast unmittelbar zu diesem abfallen – erstreckt sich die Stadt Yaxchilán. Während der klassischen Epoche der Maya-Kultur fungierte der Río Usumacinta als Handelsstraße und ermöglichte den Austausch von Errungenschaften zwischen den im Petén und den in Chiapas gelegenen Städten. Wie die Nachbarstadt Piedras Negras, die etwa 40 km stromabwärts am heutigen guatemaltekischen Ufer liegt, war auch Yaxchilán zu dieser Zeit ein wichtiger Handelsplatz, wo Beziehungen zu den verschiedenen Stämmen der Maya unterhalten wur-

Flachreliefs am Großen Palast
Im Nordosthof des Großen Palastes ist der Sockel der Galerien mit hohen Kalksteinplatten (150 cm) verkleidet, auf denen man Unterwerfungsszenen verschiedener Stammesfürsten erkennen kann. Der eigenständige Stil dieser Reliefs unterscheidet sich auffällig von den elegant modellierten Reliefs im Inneren des Palastes.

Grund- und Aufriß und Schnitt des Turmes des Großen Palastes von Palenque
A. Erstes Stockwerk
B. Zwischengeschoß
C. Zweites Stockwerk
D. Drittes Stockwerk

Seite 91
Turm von Palenque
Die ursprüngliche Funktion dieses dreigeschossigen Turmes, der sich über den Großen Palast von Palenque erhebt, ist umstritten. Es ist unklar, ob er – ein einzigartiges Bauwerk aus der klassischen Periode der Maya-Architektur – den Wachposten zur Beobachtung der Ebene oder den Sterndeutern zur Beobachtung des Himmel diente.

Detail aus dem Flachrelief im Nordosthof des Großen Palastes
Der geböschte Sockel der Galerie am nordöstlichen Innenhof des Palastes ist mit Steinplatten verkleidet. Der Ausschnitt aus dem Relief zeigt die Unterwerfung des Fürsten eines benachbarten Stammes von Palenque. Zur Verdeutlichung dieser Unterwerfung hat ihn der Künstler ohne dessen Insignien dargestellt.

Detail aus dem Flachrelief im Nordosthof des Großen Palastes
Auch dieses Detail des Flachreliefs im Nordosthof des Großen Palastes zeigt einen besiegten Rivalen. Die Darstellung offenbart den fast karikaturistischen Stil, den die Künstler für die Präsentation der Unterwerfungsgebärden dieser Unglücklichen wählten.

den. Hier feierte man Fürstenhochzeiten, die Dynastien miteinander verbanden, hier wurden große Feste verschiedener Stammesangehöriger begangen sowie Handwerkserzeugnisse für den Export hergestellt.

Die Stadt Yaxchilán, die heute nur mit dem Flugzeug erreichbar ist, muß in ihrer Blütezeit sehr groß gewesen sein. Im Zentrum findet man die Reste von Dutzenden von Bauten: Pyramiden, Paläste und Ballspielplätze. Die Gebäude stehen auf mehreren Akropolen, von denen manche fast 50 m über dem Flußbett emporragen. Unglücklicherweise ist es aufgrund der Unzugänglichkeit von Yaxchilán bisher kaum möglich gewesen, dieses Zeremonialzentrum seiner Bedeutung entsprechend optimal freizulegen und zu restaurieren. Deshalb sind auch heute noch die meisten Gebäude vom Urwald überwachsen.

Indessen gehört Yaxchilán dank des Skulpturenschmucks seiner Bauten zu den Stätten der Maya, über deren Vergangenheit am meisten bekannt ist. Denn die Türstürze der Tempel sind mit Reliefdarstellungen geschmückt, auf denen lange hieroglyphische Inschriften stehen. Die dort seit dem Jahre 320 n. Chr. herrschende Dynastie hatte ihre Glanzzeit unter den Regierungen der Herrscher Schild-Jaguar und Vogel-Jaguar I., die zwischen 681 und 771 n. Chr. regierten.

Kalksteinrelief aus dem Großen Palast
Dieses Detail des Kalksteinreliefs aus dem Großen Palast von Palenque, 721 n. Chr. datiert, zeigt König Kan Xul während seiner Thronbesteigung. Er sitzt mit untergeschlagenen Beinen auf einem Schemel, dessen Sitzfläche aus einem Zeremonialstab mit Köpfen an beiden Enden besteht. Er erwartet die Krone aus der Hand seines Vorfahren Pacal (nicht im Bild). Der König, der ein Sonnenpektoral als Brustschmuck trägt, hat sein Prunkgewand noch nicht angelegt. (Palenque, Museum von Palenque)

Die Wandgemälde von Bonampak

Die 1946 von einem amerikanischen Entdecker in einem circa 50 km südlich von Yaxchilán gelegenen Palast entdeckten Wandgemälde waren für die Wissenschaft von großer Bedeutung. Denn als Maler in größerem Format kannte man die Maya vor dieser Entdeckung nicht. Es wird deutlich, daß sie auch in dieser Kunst bemerkenswerte Meister waren.

Die Wände und Gewölbe von drei, wie üblich parallel zueinander angeordneten Kammern im Tempel der Wandmalereien sind zunächst sorgfältig mit Stuck überzogen und dann bemalt worden. Sie zeigen einen Herrscher von Bonampak mit seinem Hofstaat, seinen Kriegern, seinen »Adeligen« und Priestern. Es handelt sich um die historische Darstellung einer Schlacht und der daran anschließenden Siegesfeier aus dem Jahre 790 n. Chr. Der siegreiche Herrscher Chan Muan war 776 an die Regierung gelangt, seine Gattin stammte aus Yaxchilán. Es wird nicht nur die Prozession der hohen Würdenträger mit Bannerträgern, Kriegern und Musiker geschildert. Man sieht auch, wie die Kriegsgefangenen zuerst gefoltert und dann den Göttern geopfert werden.

Die seit der Entdeckung und Freilegung des Palastes zirkulierende feuchte Luft hat den Gemälden sehr geschadet. Die Erdmassen und die Vegetation des Regenwaldes hatten die Malereien bisher davor schützen können. Es existieren jedoch von Augustin Villagra Caleti angefertigte Kopien, die heute im Museum für Anthropologie und Geschichte in Mexiko-Stadt zu sehen sind.

Die lebendige und farbenprächtige Wandmalerei, von der diese Kopien immer noch eine Vorstellung geben, übertrifft, was zuvor an Maya-Malerei auf polychromen Bechern und anderer Keramik bekannt war. Aufgrund der Monumentalität und Weiträumigkeit der Wandgemälde von Bonampak werden Malerei und Architektur zu einer Einheit verbunden. Wie die Fresken des europäischen Mittelalters und der Renaissance in Kirchen und Palästen von der Frömmigkeit und der Prachtentfaltung der Gesellschaft zeugen, so sind die Wandgemälde von Bonampak ein Spiegelbild des Hoflebens eines prachtliebenden und kriegerischen Stadtkönigs der Maya. Ausführlicher und anschaulicher als die Basreliefs, die Stuckplastik und die Stelen unterrichten sie über die Festlichkeiten, die Riten und Zeremonien, die Tracht, den Schmuck und die Waffen aus jener Zeit. Sie gestatten einen Blick in das Alltagsleben eines Maya-Königshauses. Die Vorstellungen über die Bauten der Maya werden mit Leben erfüllt, das anhand der Ruinen nicht unmittelbar zu vermuten ist.

Wandmalerei in Bonampak
Die Westwand der ersten mit Gemälden geschmückten Kammer von Bonampak (um 790 n. Chr.) zeigt in der oberen Zone den thronenden Herrscher Chan Muan mit seiner Familie, in der unteren eine Prozession der Großen des Reiches. (Mexiko-Stadt, Museo Nacional de Antropología, Kopie)

Detail einer Maya-Schale
In den klassischen Epoche wurde neben der Skulptur auch die Malerei gepflegt. Vielerorts fand man bemalte Keramik, die Figuren in charakteristischer und lebhafter Bewegung zeigen, wie diese Frau, die an der Außenwand einer Schale dargestellt ist. (Barcelona, Museo Barbier-Mueller)

Detail einer Maya-Schale
Die fotografische Vergrößerung der Rückseite der auf der gegenüberliegenden Seite abgebildeten Schale, gefunden in der Alta Verapaz, zeigt das Profil einer weiteren Gestalt. Der Maler erreicht eine Virtuosität in der künstlerischen Darstellung, die durchaus mit der der Meister der Wandgemälde von Bonampak vergleichbar ist. (Barcelona, Museo Barbier-Mueller)

Oben rechts
Wandmalerei in Bonampak – Rat der Großen
Eine der Wände der zweiten Kammer in Bonampak zeigt in der oberen Zone eine Versammlung stehender Würdenträger, in der unteren Unterhändler, die sitzend über das Schicksal eines hochgestellten Kriegsgefangenen beraten. (Mexiko-Stadt, Museo Nacional de Antropología, Kopie)

Unten
Wandmalerei in Bonampak – Die Gefangenen
In der zweiten Kammer finden sich Darstellungen von Maya-Ritualen. Vor seinen versammelten Kriegern tötet König Chan Muan mit seiner Lanze einen gefangenen feindlichen Souverän. Andere Gefangene, die gefoltert worden sind, flehen um Gnade. (Mexiko-Stadt, Museo Nacional de Antropología, Kopie)

Bau 33 in Yaxchilán
Die Paläste der einst bedeutenden Stadt Yaxchilán sind im Stil der Paläste von Palenque mit breiten Freitreppen, hohen Mansardendächern und Dachkämmen erbaut. Der von den Archäologen als Bau 33 bezeichnete Bau zählt zu den besterhaltensten von Yaxchilán.

Blick auf Bau 33
Der 65 m hoch über dem Flußufer errichtete Bau 33 von Yaxchilán wird auch Palast des Königs genannt. Man hat dort eine 757 n. Chr. datierte, zerbrochene Bildnisstatue des Königs Vogel-Jaguar gefunden.

Skulptierte Türstürze in den Palästen von Yaxchilán
Die skulptierten Türstürze in den Palästen in Yaxchilán sind nicht wie in Tikal aus Zapoteholz geschnitzt, sondern aus Steinplatten gemeißelt.

Auf diese Blütezeit fiel allerdings ein Schatten, von dem zahlreiche zu dieser Zeit in Yaxchilán errichtete Monumente zeugen, als Pacal, der Herrscher von Palenque, die Streitkräfte Schild-Jaguars besiegte. Doch diese Niederlage findet in den Inschriften, die Schild-Jaguar in Yaxchilán anbringen ließ, keine Erwähnung – statt dessen aber in Palenque, wo sich Pacal seines Sieges rühmte. Tatsächlich war der Kriegszustand zwischen den Stadtstaaten der Maya in der Regel örtlich begrenzt. Die Stadtkönige führten Krieg gegen ihre Nachbarn, um Gefangene zu machen, die bei ihren Siegesfeiern den Göttern geopfert werden konnten. Bilder eines solchen Kriegszuges und der abschließenden Siegesfeier fanden sich erst in den Wandgemälden von Bonampak.

Während Schild-Jaguar seine Streiter in den Krieg führte, spielte seine Gattin, Königin Xok, in Yaxchilán eine nicht unbedeutende politische Rolle. Auf den Basreliefs sieht man sie bei Zeremonien präsidieren und an den großen Ritualen teilnehmen, und sie reicht dem König seinen Helm, wenn er in den Krieg zieht.

Die Bauten von Yaxchilán

Die wichtigsten Gebäude von Yaxchilán – dessen Territorium offenbar durch den Río Usumacinta begrenzt war, denn man hat am anderen Ufer keine Ruinen gefunden – sind den Bauten ähnlich, die unter der Herrschaft Pacals in Palenque entstanden sind. Man findet dort die gleichen Mauerverblendungen, »Mansardendächer« und Dachkämme *(cresteria),* die durchbrochen und mit Stuckskulptur geschmückt sind.

Der bedeutende Bau 33, auf einer Anhöhe über der Stadt und dem Flußufer gelegen, ist das Werk des Königs Vogel-Jaguar I. und der Königin Xok, deren

Reliefdetail des Türsturzes 26
Auf einem der schönsten in Yaxchilán gefundenen Türstürze (Türsturz 26 in Bau 23), empfängt König Schild-Jaguar (links) aus der Hand seiner Gattin Xok seinen Kriegshelm. Die monumentale Großform und das fein ausgeführte Detail dieses Reliefs beweisen, daß die Kunst im Jahre 724 n. Chr. in Yaxchilán in höchster Blüte stand. (Mexiko-Stadt, Museo Nacional de Antropología)

Relief am Türsturz 53
Auf dem 160 cm langen Türsturz 53 in Yaxchilán, datiert 766 n. Chr., ist eine höfische Szene dargestellt. König Vogel-Jaguar, in der rechten Hand ein Zepter mit Darstellung eines menschlichen Kopfes, empfängt die Huldigung seiner Gemahlin. (Mexiko-Stadt, Museo Nacional de Antropología)

Stele 15 aus Yaxchilán
Die im Jahre 681 n. Chr. in Yaxchilán aufgestellte Stele 15 zeigt König Schild-Jaguar, der im Begriff ist, einen Kriegsgefangenen, den er bei den Haaren gepackt hält, mit der Lanze zu töten. (Mexiko-Stadt, Museo Nacional de Antropología)

Herrschaft auf den darin angebrachten Basreliefs mit Bildern und Inschriften gerühmt wird.

Der in den 30er Jahren von amerikanischen Wissenschaftlern allen Schwierigkeiten zum Trotz aufgenommene Plan der Stadt Yaxchilán vermittelt den Eindruck, daß mit dem Bau der Stadt eine stellenweise erhebliche Umgestaltung des Geländes einherging: Die Zugänge zu den Akropolen sind künstlich angelegt, Treppen führen die Hügel hinauf zu den Tempeln, Hügel sind von Pyramiden bekrönt; die ganze Landschaft ist zum Bühnenbild umgestaltet, die Natur in ein grandioses Zeremonialzentrum verwandelt worden. Die Bauten stehen am Flußufer in Rängen übereinander und auf Terrassen an den steilen und zerklüfteten Hängen.

Die Darstellungen von Palenque im Wandel der Zeit

Historische Darstellungen von Palenque

Die Darstellungen Antonio del Ríos, der 1787 die Ruinen von Palenque erforschte, wie auch die präzisen Zeichnungen Johann-Friedrich Maximilian von Waldecks, die 1832 für das Werk von Brasseur de Bourbourg entstanden, und die Darstellungen Desiré Charnays von 1880 verdeutlichen, daß sich die Darstellungsweise von Palenque im Laufe der Zeit verändert hat.

So nähern sich die Abbildungen des Turmes von Palenque ebenso wie des Stuckreliefs mit Jaguarthron von del Río, von Castañeda, 1805 für Guillaume Dupaix angefertigt und 1834 veröffentlicht, und von Waldecks, 1832, immer mehr der Realität an.

Zeichnung der Reliefs aus dem Tempel des Kreuzes
Das obere Relief aus dem Tempel des Kreuzes in Palenque zeigt Gott L beim Rauchen einer Zigarre (690 n. Chr.). Dieser alte Maya-Brauch wird bei den Lacandonen bis auf den heutigen Tag gepflegt. Die linke Darstellung zeigt ihn, wie Castañeda ihn 1805 lithographierte, nämlich seitenverkehrt; die rechte Darstellung ist von Waldeck 1832 angefertigt worden. Seitenverkehrt reproduziert wurde auch die untere Zeichnung Castañedas, der mit Dupaix in Palenque war. Rechts ist Waldecks Zeichnung desselben Motivs wiedergegeben: König Chan Bahlum steht rechts des Weltbaumes, sein Vater Pacal links.

Verkannte Kunstprovinz

Der Stil in Río-Bec und Chenes

Seite 103
Yucatekische Monumentalskulptur
Die sitzende Skulptur aus polychromem Stuck, 156 cm hoch, ist im Süden der Halbinsel Yucatán, auf dem Gebiet der heutigen Staaten Campeche oder Quintana Roo vermutlich im 6. oder 7. Jahrhundert n. Chr. entstanden. Sie stellt einen kriegerisch maskierten und mit Streitkolben und Schild bewaffneten Herrscher dar. (Privatsammlung)

Die zwischen dem Regenwaldgebiet des Petén im Süden und dem trockenen Busch des nördlichen Yucatán gelegene Region, die heute zu den mexikanischen Bundesstaaten Campeche und Quintana Roo zählt, ist ohne Zweifel die am wenigsten bekannte Maya-Provinz. Auch hier sind weite Teile mit dichtem Regenwald bedeckt, und es findet sich kaum eine feste Ansiedlung.

Die erst kürzlich erforschten Städte liegen im Süden Yucatáns, unweit der Grenze zu Guatemala und beiderseits der Ost-West-Verbindung, die heute die Stadt Chetumal an der Küste des Karibischen Meers mit dem kleinen Ort Francisco Escárcega nahe der Golfküste und Villahermosa mit Campeche verbindet. Es sind die Städte Kohunlich, Dzibanché, Xpuhil, Becan und Chicanná.

Die gegenwärtigen Bemühungen mexikanischer Archäologen, diese Ruinen in ihrem Bestand zu sichern, zu restaurieren und zugänglich zu machen, tragen zur Berichtigung eines seit langem verbreiteten Vorurteils in der Maya-Forschung bei. Während Morley noch lehrte, daß es bei den Maya, ähnlich wie in Ägypten, zur klassischen Zeit im Petén und in Honduras ein Altes Reich, später dann, zu postklassischer Zeit, im Norden Yucatáns ein Neues Reich gegeben habe, ist man inzwischen bei der Periodisierung der Maya-Geschichte von dieser historischen Analogie zu Ägypten abgekommen. Es ist bekannt, daß gewisse Orte in Yucatán schon in vorklassischer Zeit besiedelt waren, also nicht später gegründet wurden als die Städte des Petén. Man weiß auch, daß es, als Tikal, Copán und Palenque verlassen wurden, keine Völkerwanderung nach Norden gegeben hat und keine Flüchtlinge aus dem Süden am Ende der klassischen Epoche in den Städten des Nordens einen neuen Aufschwung ihrer Kultur herbeigeführt haben. Die falsche Annahme von zwei zeitlich und räumlich getrennten »Maya-Reichen« wird durch die Existenz der zwischen diesen Territorien gelegenen Zone mit ihren Städten entkräftet. Sie beweist, daß Norden und Süden schon seit früher Zeit in enger Verbindung miteinander standen.

Die Pyramide der Masken in Kohunlich

Die in Kohunlich unweit von Chetumal entdeckte Pyramide der Masken wurde zu Beginn der klassischen Epoche errichtet. An ihrer Westseite sind große, ehemals polychrome Stuckmasken angebracht. Die Masken sind beiderseits einer axialen Treppe an den vier Stufen der Pyramide übereinander angeordnet. Dieses monumentale Dekor erinnert an den Tempel von Cerros in Belize. Wie die Fassade des vorklassischen Baus in Cerros ist auch die Fassade der Pyramide von Kohunlich mit eindrucksvollen Bildern der Sonne geschmückt. Die Reliefs sind unter den Resten einer zerstörten späteren Überbauung unversehrt zum Vorschein gekommen.

Das Sonnenmotiv dieser großen Stuckornamente weist auf die kosmologische Ausrichtung von Religion und Philosophie der Maya hin. Neben Zeugnissen eines Sternenkultes und entsprechender Rituale, die am Lauf der Gestirne und an den Zyklen des Kalenders orientiert sind, findet man schon in der frühen klassischen Epoche Hinweise auf einen Herrscherkult. Dynastische Ansprüche sind mit Herrschergenealogien begründet, lange Ahnenreihen werden dargestellt, die die Ab-

Detail einer Stele aus der klassischen Epoche
Diese Stele aus klassischer Zeit zeigt einen Herrscher mit seinen Insignien: die Göttermaske auf dem Kopf, mit Quetzalfedern versehen, in der Rechten ein Zepter mit einem menschlichen Kopf, in der Linken einen Zeremonialstab und eine Kette aus vier Reihen großer Jadeperlen. (Oaxaca, Museum Rufino Tamayo)

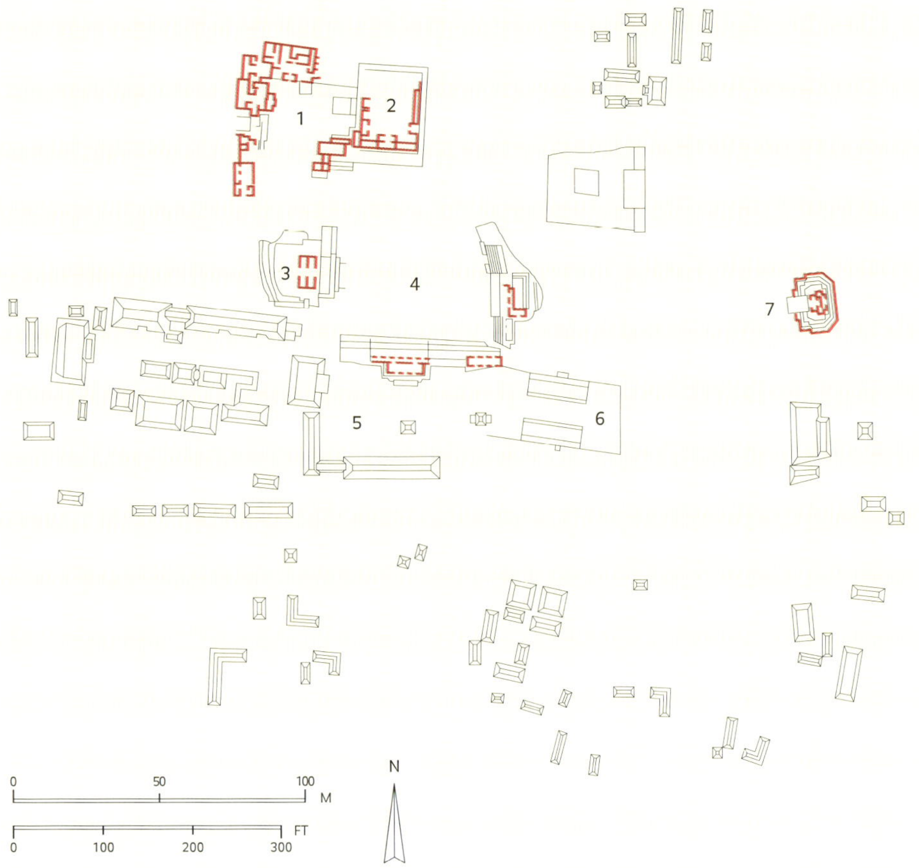

Lageplan des Zeremonialzentrums von Kohunlich in Quintana Roo

1. Nördlicher Wohnbezirk
2. Akropolis
3. Palast
4. Platz der Sterne
5. Merwin-Platz
6. Ballspielplatz
7. Pyramide der Masken

stammung des Herrschers vom großen Tagesgestirn nachzuweisen scheinen. Diese doppelte Symbolik erstreckt sich schließlich auf die gesamte religiöse Weltanschauung der Maya, denn der Tempel wird sowohl zu Ehren der Götter, denen dort gedient wird, als auch zu Ehren der Herrscher, die ihnen dort dienen, errichtet, denn die Herrscher sind die Vertreter der Götter auf Erden.

In Dzibanché haben die Ausgräber Reste von Masken gefunden, die denen in Kohunlich gleichen. Mit Kohunlich vergleichbar sind auch hier die Bauten nach einem strengen Plan disponiert. Akropolen, Pyramiden, Esplanaden, Plattformen und Plätze stehen in rechtwinkliger Anordnung, Paläste, Ballspielplätze und Tempel sind klar zueinander in Beziehung gesetzt. Zahlreiche Erdaufschüttungen markieren noch heute die Fundamente der Hütten mit Palmstrohdächern, in denen die Bevölkerung wohnte.

Manche der in Quintana Roo entdeckten Pyramiden sind zwar sehr groß, jedoch anders proportioniert als die Pyramiden von Tikal, auf denen, hoch über den steil abfallenden Stufen, nur eine winzige Cella steht. In Dzibanché sind die Tempel auf der obersten Plattform der Pyramiden geräumiger, mehrere parallel gewölbte Kammern boten Raum für einen Kult, bei dem offenbar die Anwesenheit mehrerer Priester erforderlich war.

Die Scheinpyramiden von Xpuhil

Die riesigen Pyramiden von Tikal haben zweifellos die ästhetischen Vorstellungen der Maya geprägt. So findet man bei gewissen Bauten im Río-Bec und Chenes-Stil einige Architekturmotive dekorativ und emblematisch verwendet. Am eindrucksvollsten geschah das bei dem dreitürmigen Bau 1 in Xpuhil. Die Türme sind in ihrer Gestalt steilen Pyramiden nachempfunden, aber aufgrund der extremen Schräge

Palast in Kohunlich
Eine breite Freitreppe führt zu diesem Palast in Kohunlich hinauf. Der mit behauenem Stein verkleidete Bau wurde gegen Ende der klassischen Periode errichtet und ist erst jüngst restauriert worden.

Bau 3 in Kohunlich
Der erst kürzlich freigelegte Bau 3 offenbart den Zustand, in den der Regenwald im Laufe der Jahrhunderte die Bauten von Kohunlich versetzt hat.

Stufenpyramide in Dzibanché
Das Bild zeigt eine der kürzlich restaurierten Stufenpyramiden in Dzibanché im Bundesstaat Campeche. Bemerkenswert ist der im Vergleich zu den winzigen Kammern der Hochtempel von Tikal sehr geräumige Bau auf der Plattform der Pyramide, zu dem die breite, axiale Treppe hinaufführt.

Seite 108
Detail einer Stuckmaske mit Sonnenmotiv
Diese große, ehemals farbig gefaßte Stuckmaske aus frühklassischer Zeit (um 500 n. Chr.) wurde bei der Ausgrabung der Pyramide der Masken in Kohunlich, geschützt durch eine spätere Überbauung der Pyramide, unversehrt gefunden. Sie gleicht den Masken an den Pyramiden von Uaxactún und Cerros.

nicht besteigbar. Die Treppen, die dort hinaufführen, sind Attrappen. Ihre Stufen sind nicht tief genug, um betreten werden zu können. Die Tempel auf diesen Türmen haben keinen Innenraum, sondern sind aus massivem Mauerwerk. Anstelle der Tür findet man große Masken der Himmelsgottheit. Diese Elemente der Río-Bec-Architektur sind rein dekorativ. Sie haben keine liturgische Funktion mehr, sondern nur noch Symbolcharakter: Sie weisen auf die Welt der Götter hin. Die Pyramide und der sie bekrönende Tempel wurden so auf die Funktion eines Denkmals reduziert. Derartige Scheinpyramiden hat man nicht nur in der Río-Bec-Region, sondern auch in der benachbarten Chenes-Region gefunden.

Das Schlangenmaul-Motiv

In Chicanná, im Westen der Río-Bec-Region, im mexikanischen Bundesstaat Campeche hat man originelle Bauten entdeckt. Der Name »Chicanná« bedeutet in der Maya-Sprache »Haus mit Schlangenzähnen«. Dieser Ausdruck bezieht sich auf das besterhaltenste Gebäude in Chicanná, das von den Archäologen als Bau 2 bezeichnet wird. Die Mitte der Hauptfassade wird von einem aufgerissenen Schlangenmaul eingenommen, das den Schöpfergott Itzamná versinnbildlichte. Der Kiefer dieses Schlangenmauls, dessen riesige Zähne in Relief ausgeführt sind, bildet die Tür, über der die stilisierten Augen des kosmischen Ungeheuers zu erkennen sind.

Derartige Fassaden sind charakteristisch für den Chenes-Stil. Offenbar dienten die Bauten, die durch solche Schlangenmäuler zu betreten waren, den Menschen als Räumlichkeiten für Initiationsriten. Sie wurden während der Spätzeit der klassischen Epoche (550–700 n. Chr.) errichtet. Bemerkenswert ist, daß die Fassadenbilder symmetrisch und schematisiert ausgeführt wurden. Die Formen der schlangenmäuligen Himmelsgottheit sind gewissermaßen gleich einem Mosaik aus einer

Vielzahl kunstvoll behauener Steine zusammengesetzt. Diese Form der Fassadenkomposition verleiht der Gesamterscheinung des Gebäudes eine große Ausdruckskraft.

Das Motiv des aufgerissenen Schlangenmauls ist bei dem olmekischen Altar in La Venta vorgebildet. Dort ist ein auf untergeschlagenen Beinen sitzender Würdenträger in einem weit geöffneten Ungeheuer-Rachen dargestellt. In der maya-toltekischen Kunst von Chichén Itzá taucht das Motiv wieder auf: in den aufgerissenen Mäulern der gefiederten Schlange, die von den Tolteken *quetzalcoatl* und von den Maya *kukulcán* genannt wurde.

Es stellt sich die Frage, ob es sich bei solchen Bauwerken um Kolossalskulpturen oder um plastisch geschmückte Architektur handelt. In dieser Kunstregion, die nach der dortigen Hügelkette benannt wurde, gestalteten die Maya ihre Tempel als begehbare Skulpturen, in denen ein Initiationsritus räumlich und faßbar vollzogen und erlebt werden konnte.

Bau 2 in Chicanná hat drei Eingänge, von denen jeder in zwei parallel hintereinander angeordnete Kammern führt. Sein Grundriß gleicht dennoch dem eines Pa-

Detailansicht der Stufenpyramide in Dzibanché
Die Detailansicht macht die Vorgehensweise der Archäologen bei der Restaurierung deutlich: Die noch erhaltene Verkleidung (Haustein) der Bauten wird gesichert, und zur Erhaltung der ursprünglichen Gestalt werden notwendige Ergänzungen (unbearbeiteter Feldstein) vorgenommen (siehe Abb. S. 109).

Seite 111
Hauptpyramide von Dzibanché
Die kürzlich restaurierte Hauptpyramide von Dzibanché ist in vier deutlich gegeneinander abgesetzten Stufen erbaut. Eine axiale Treppe führt zu dem noch weitgehend erhaltenen Hochtempel.

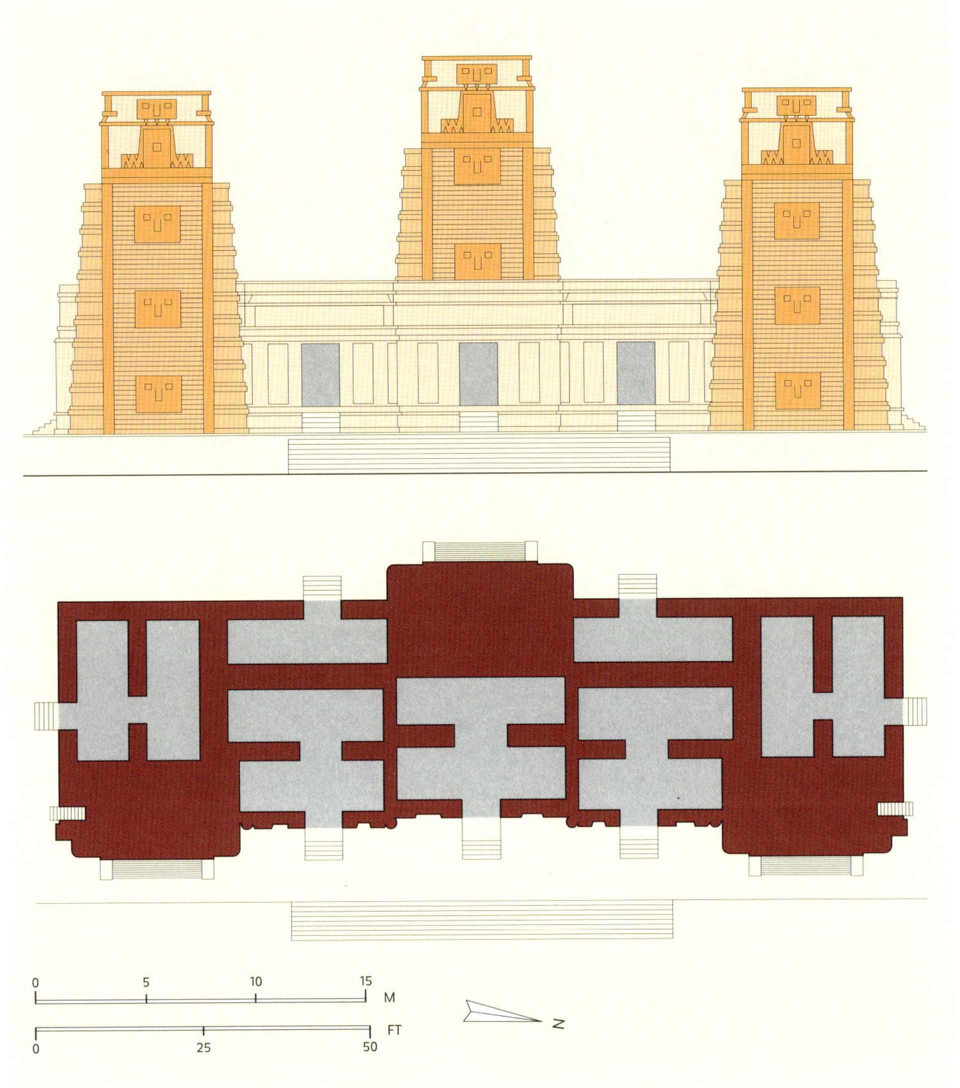

Bau 1 in Xpuhil
Das Hauptgebäude in Xpuhil, typisch für den Stil der Río-Bec-Region, besteht aus drei über Eck gestellten Türmen, zwischen denen paarweise Kammern angeordnet sind. Der Grundriß zeigt die massiven Türme. Der Aufriß macht deutlich, daß die Treppen aufgrund ihrer Steilheit nicht begehbar sind. Auch die winzigen Hochtempel auf den Türmen sind aus massivem Mauerwerk.

lastes. Der Fassadenschmuck jedoch bezeugt seine Funktion als Kultort. Diese scheinbare Auflösung der klaren funktionellen Unterschiede ist charakteristisch für die Bauten der Chenes-Region, bei denen unmerklich unterschiedliche Gebäudefunktionen, zum Beispiel Wohnhaus oder Gotteshaus, fließend ineinander überzugehen scheinen. Bei anderen Gebäuden in Chicanná – so bei dem kürzlich restaurierten Bau 20 – wird das Motiv des aufgerissenen Schlangenmauls einer Pyramide zugeordnet. Den Eingang bildet ein vereinfacht dargestellter Schlangenrachen, der den Eintretenden zu verschlingen droht. Hinter diesem Tor erhebt sich der Turm und auf dessen oberster Plattform zwei Rücken an Rücken stehende Tempel, beide mit einer hohen *cresteria* bekrönt. Durch die ebenfalls schlangenmäulig gestalteten, zu den Tempelkammern führenden Eingänge schritten die Priester, die sich zur Feier der Riten begaben.

An den Ecken des Turmes, der sich über Bau 20 erhebt, sind Masken des Regengottes Chac übereinandergesetzt. Diese sind in der für den Puuc-Stil charakteristischen Form stilisiert: mit der langen geschwungenen Nase, die von manchen frühen Besuchern der Ruinen Yucatáns für einen Elefantenrüssel gehalten wurde. Die Gestaltung der symmetrischen Elemente – Augen, Augenbrauen und Ohren – erinnert an die der *t'ao t'ie*-Masken auf den bronzenen Ritualvasen der Chang-Dynastie in China.

Architektur der Río-Bec-Region
Der am Ende der klassischen Periode (zwischen 700 und 800 n. Chr.) errichtete Bau 1 von Xpuhil, der mit vorgetäuschten Tempeltürmen geschmückt ist, bietet den Anblick einer beeindruckenden Fassade. Der Baumeister hat hier den Elementen der klassischen Maya-Architektur eine neue und originelle Funktion abgewonnen.

Dekor von Bau 1 in Xpuhil
Auf den ersten Blick scheint der Dekor des Baus 1 aus geometrischen Schmuckformen zusammengesetzt zu sein, bei näherer Betrachtung erkennt man jedoch Elemente einer Göttermaske: Augen, Ohren, Augenbrauen, Nase und Mund.

Chicanná und der Chenes-Stil
Das als Bau 20 bekannte Bauwerk in Chicanná (Campeche) ist eine Pyramide mit einem in ausschweifendem Chenes-Stil geschmückten Hochtempel. Die Reliefplatten, aus denen sich der Dekor zusammensetzt, haben beim Guß des Betons, der Mauern und Decken bildet, als Verschalung gedient.

Schnitt durch Bau 20 in Chicanná
Die eigentümlich konstruierte Pyramide trägt, wie der Schnitt verdeutlicht, einen Hochtempel, der sich über einem heute teilweise zerstörten Tempel erhebt.

Fassadengestaltung von Bau 20 in Chicanná
Die Ecken von Bau 20 sind mit übereinander gestaffelten Masken des Regengottes Chac geschmückt. Die Maske mit der rüsselähnlichen Nase, den spiralförmigen Augen und dem Maul mit gebogenen Zähnen ziert den gesamten Bau.

Lageplan der Bauten in Chicanná
Die im Chenes-Stil ausgeführten Bauten von Chicanna im Staat Campeche sind zu verschiedenen Komplexen gruppiert, deren Freilegung und Restaurierung man kürzlich in Angriff genommen hat.
1. *Chultun*
2. Bau 2
3. Bau 3
4. Bau 1
5. Bau 4
6. Bau 11
7. Bau 6
8. Bau 20

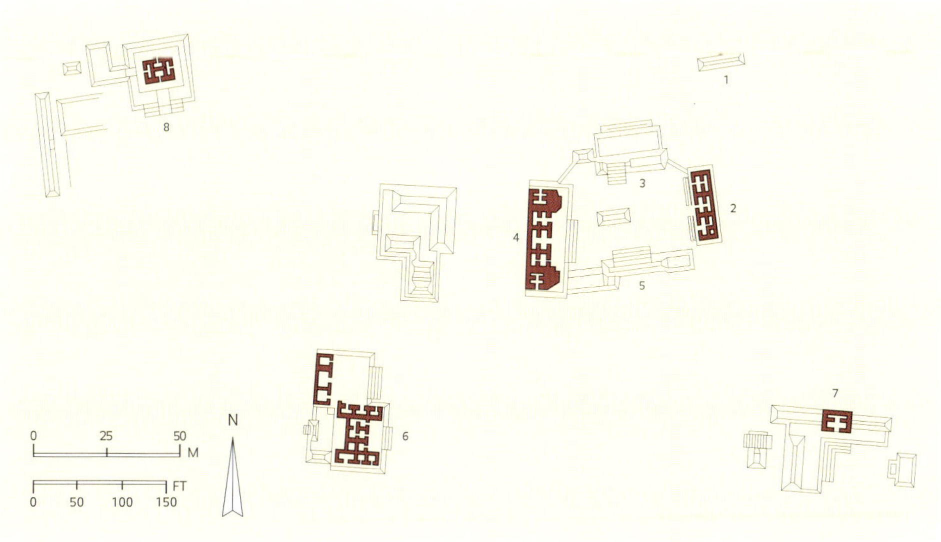

Ostplatz von Becan
In der Mitte des von Tempeln und Palästen umgebenen Ostplatzes von Becan (Campeche) findet man eine kreisförmige Plattform, die vermutlich als Opferaltar diente.

Seite 116
Fassade von Bau 20 in Chicanná
Ein charakteristisches Beispiel des Chenes-Stils bietet die Fassade von Bau 20 in Chicanná. Architektur ist hier ganz in Skulptur verwandelt. Die Tür präsentiert sich als aufgerissenes Maul eines kosmischen Ungeheuers, des Himmelsgottes Itzamná, dessen Nase und viereckige Augen man über der Zahnreihe des die Türstürze säumenden Oberkiefers erkennen kann.

Die befestigte Stadt Becan

Becan, nicht weit von Chicanná im Staat Campeche gelegen, stellt aufgrund seiner Befestigung eine Besonderheit dar. Die Ausgräber haben rings um das dortige Zeremonialzentrum einen ehemaligen Wassergraben freigelegt. Dieser 9 m tiefe, ringförmige Graben, über den sieben Deiche führten, umschließt ein Areal von 500–600 m Durchmesser. Die Stadt, die sich auf einer Art Akropolis erhebt, ist in verschieden große Komplexe gegliedert; hauptsächlich handelt es sich dabei um von Pyramiden umgebene Plätze. Der eindrucksvollste ist der Ostplatz. Er ist auf einer hohen Erdaufschüttung angelegt und an allen vier Seiten bebaut; an drei Seiten stehen Pyramiden, an der vierten ein Palast. Eine in der Mitte des Platzes erhöhte kreisförmige Plattform scheint ein Opferaltar gewesen zu sein.

In nördlicher Richtung gelangt man zu einem tiefer gelegenen Platz, der von mehreren Bauwerken flankiert wird. Diese Bauwerke sind stark zerstört und wenig erforscht. Unter ihnen befanden sich jedoch offensichtlich etliche massige Pyramiden. Durch einen Torbogen gelangt man zu einem Ballspielplatz, den ebenfalls verschiedene Gebäude umringten. Ein weiterer Pyramidenkomplex begrenzte einst das Zeremonialzentrum der Stadt im Westen – mit einer Reihe rechteckiger Fundamente, auf denen offenbar Wohnhäuser aus vergänglichen Materialien gestanden hatten.

Die Befestigung Becans scheint bereits zwischen 200 und 600 n. Chr. entstanden zu sein. Doch die Gebäude wurden erst zwischen 600 und 850 n. Chr. errichtet, höchstwahrscheinlich wie bei den Maya-Bauten im allgemeinen durch Überbauung. Einige von ihnen entstanden sogar noch später, denn zwischen 900 und 1200 n. Chr. erlebte die Stadt eine letzte Blüte, wohl unter der Herrschaft der aus dem mexikanischen Hochland kommenden Tolteken, denen zur selben Zeit auch Chichén Itzá seine letzte Blütezeit verdankte.

Restaurierter Ballspielplatz von Becan
Die Böschungen, die den Ballspielplatz am Rand des Westplatzes von Becan umfassen, steigen wie diejenigen in Copán nur schwach an.

Lageplan der befestigten Stadt Becan
Die um Plätze gelagerten Gebäudegruppen des Zeremonialzentrums, das gegen feindliche Angriffe durch einen Graben geschützt war, werden gegenwärtig restauriert.
1. Ostplatz
2. Zwischenterrasse
3. Hauptplatz mit Pyramide
4. Westplatz

Bau 4 in Becan
Diese 18 m hohe Pyramide am Ostplatz trug einen Aufbau, der zahlreiche Räume umfaßte. Sie ist erst vor kurzer Zeit von der sie überwuchernden Vegetation freigelegt worden.

Das Gebäude der Fünf Stockwerke in Edzná

Ein bemerkenswerter Bau, in dem, wie nicht selten bei den Bauten des Río-Bec-Stils, zwei Typen von Gebäuden vereint sind, ist das Gebäude der Fünf Stockwerke in Edzná, einem Ort im Nordwesten des Staates Campeche. Er besteht zum einen aus einer Pyramide, an deren Front in einer einzigen Flucht eine axiale Treppe zur Cella hinaufführt, und die mit ihrem hohen Zierkamm eine Gesamthöhe von 31 m erreicht, zum anderen aus einem Palast. Seine vier stufenförmig zurückspringenden Geschosse enthalten Kammern hinter Türen, durch deren Öffnungen die Fassade maßgeblich gestaltet ist. In den Türöffnungen des untersten und obersten Geschosses stehen Säulen, die im Erdgeschoß gemauert und im Obergeschoß monolithisch sind. Derartige Säulen findet man vor allem an den Bauten der nördlich an die Chenes-Region angrenzenden Puuc-Region.

Der Grundriß des Gebäudes der Fünf Stockwerke in Edzná ist fast quadratisch (58 x 60 m). Es steht auf einer künstlich aufgeschütteten, 6 m hohen Esplanade, deren Seiten 160 und 148 m lang sind, und ist über eine 45 m breite Treppe zugänglich. Der Platz wird seitlich von Tempelbauten flankiert. Die Gestaltung des Ensembles zeugt von dem künstlerischen Gespür der Architekten im 7. und 8. Jahrhundert für eine gelungene Komposition von Baukörpern.

Zwischen 672 und 810 n. Chr. wurden mehrere datierte Stelen aufgestellt, wobei es jedoch an den Stufen der großen Pyramiden-Treppe Glyphen gibt, deren Zeitangaben bis in das Jahr 652 n. Chr. zurückreichen. Die Stadt war durch einen 12 km langen, künstlich angelegten Kanal, dessen Gefälle auf 1000 m nur 50 cm betrug, mit dem Río Champoton und damit auch mit dem Meer verbunden, so daß die Bewohner auf dem Wasserweg Handel mit der Bevölkerung an der Küste des Golfs von Mexiko und im nördlichen Yucatán treiben konnten.

Künstlich angelegte Esplanade in Edzná
Blick von der Hauptpyramide über den Platz. Auf der in der Mitte sichtbaren Plattform wurden Opfer dargebracht.

Gebäude der Fünf Stockwerke von Edzná
Auf einem quadratischen Grundriß erhebt sich diese fünfgeschossige Pyramide als Akropolis von Edzná über die Ebene. Ein hoher Dachkamm überragt den Hochtempel auf der oberen Plattform. Eine gewaltige axiale Treppenflucht verbindet die fünf Geschosse miteinander. Auf jeder Ebene liegen Kammern. Im Untergeschoß waren ihnen gemauerte Pfeilerpaare vorgelegt.

Die Esplanade von Edzná
Das Gebäude der Fünf Stockwerke in Edzná ist in ein weitläufiges Ensemble eingegliedert, das ca. 2,5 ha umfaßt und größtenteils während des 8. Jahrhunderts n. Chr. geplant und ausgeführt wurde.

Blick auf die Bauten von Edzná
Die langgestreckten Pyramiden von Edzná haben – typisch für die Pyramiden der Chenes-Region – oft weitläufige Galerien mit vielen Räumen. Die künstlich aufgeschüttete Akropolis erhebt die Bauten der Stadt über die Waldkrone der Halbinsel Yucatán.

Kosmos und Gottheiten der Maya

Gott der Nachtsonne
Die Gestalt, die der Künstler diesem Kopal-Räuchergefäß aus Terrakotta gegeben hat, ist ein Bildnis des Gottes der Nachtsonne. (Guatemala-Stadt, Museo Nacional de Arqueología y Etnología)

Wie die gesamte präkolumbische Welt, war auch die der Maya von Gottheiten und Mächten erfüllt, die es unablässig durch Opfergaben zu beschwichtigen galt. Denn versäumte man diese Pflicht, lief man Gefahr, den Zorn der Götter zu erregen, den Kreislauf der Gestirne und der Jahreszeiten zu stören.

Das Universum der Maya definierte sich über eine vertikale Achse in Gestalt des Weltbaumes *ceiba*. Er stellt die Achse der Welt dar zwischen Itzamná, dem Gott des Himmels, des Tages und der Nacht, und dessen Gattin Ixchel, der Göttin des Mondes. Oben auf dem Weltbaum sitzt der Gottes- oder Schlangenvogel. Das Himmelsgewölbe wird von vier Gottheiten getragen, den *bacabs*, deren jeder eine andere Farbe hat und für eine Himmelsrichtung steht: der rote Chac für den Osten, der weiße für den Norden, der schwarze für den Westen und der gelbe für den Süden. Aufgrund der Vielzahl der Maya-Götter haben die Wissenschaftler eine alphabetische Bezeichnung gewählt. So wird der Regen- und Donnergott Chac – meist mit langer Nase dargestellt – mit dem Buchstaben B bezeichnet. Gott A ist Ah Puch, der Gott des Todes; die Hölle oder die Unterwelt wird von den Göttern L und N regiert. Gott des Krieges und der Kaufleute ist Ek Chuah, schwarz bemalt mit langer, hängender Unterlippe und dem Identifikationsbuchstaben M. Über Opferhandlungen wacht Gott Q. Gottheiten der Maya waren außerdem die Planeten. Venus etwa erscheint als Morgen- und als Abendstern. Die Sonne wird durch einen großen Jaguar verkörpert, und jeder Gestirngott erscheint bei Aufgang und Untergang in unterschiedlicher Gestalt.

Alle Götter können Eigentümlichkeiten anderer Götter annehmen, zu Mischwesen verschmelzen, das heißt, sie sind zu den unerwartetsten Metamorphosen fähig.

Jede der Gottheiten hatte eine ihr speziell dienende Priesterschaft mit jeweils besonderen Riten. Ein spätes Echo der komplexen Mythologie findet man in dem heiligen Buch der Quiche-Maya, Popol Vuh (16. Jahrhundert). Ebenfalls in ihrer Muttersprache, doch mit lateinischen Buchstaben, wurde von yucatekischen Maya im 16. Jahrhundert die umfassendste erhaltene Textsammlung, die Prophezeiungen Chilam Balams, aufgezeichnet. Die Maya waren sehr bestrebt, die Zukunft zu erforschen, und sie waren nicht nur ausgezeichnete Astronomen, sondern auch große Astrologen.

Puuc-Stil in Yucatán

Die Paläste von Uxmal

Seite 125
Maske des Regengottes Chac
Überall an den Fassaden der Bauten der Puuc-Region, im Nordwesten der Halbinsel Yucatán, begegnet man der Maske des Regengottes Chac. Diese in Reihen angebrachten Masken wurden aus vorgefertigten Teilen zusammengesetzt.

Die große Ebene, die sich von der Nordküste der Halbinsel Yucatán nach Süden erstreckt, wird südlich von Mérida, der Hauptstadt des heutigen Bundesstaates Yucatán, durch eine Hügellandschaft unterbrochen, die als Puuc bezeichnet wird. In der Nähe dieser Hügel findet man Städte, deren monumentale Ruinen von einer Blütezeit der Architektur der dort angesiedelten Maya während des 8. und 9. Jahrhunderts n. Chr. zeugen. Uxmal, Kabáh, Labná, Sayil, Xlapak und Chacmultún sind die bedeutendsten Orte der Puuc-Region. Die Besonderheiten der Bauten gestatten es, von einem Puuc-Stil zu sprechen, ebenso wie man von einem Río-Bec-Stil und einem Chenes-Stil spricht.

In dieser verhältnismäßig trockenen Region hat die Vegetation nicht so zerstörerische Ausmaße gehabt wie im Regenwald des Petén weiter südlich oder weiter östlich im Staat Quintana Roo, so daß die Gebäude in der Puuc-Region meist weit besser erhalten sind.

Tempel der Sieben Puppen in Dzibilchaltún

In dieser Region wurde die yucatekische Kultur schon sehr früh heimisch. Die Funde belegen, daß die vorklassische Periode dort bereits im 5. Jahrhundert v. Chr begann. Der klassischen Epoche gehört eine in Acanceh ausgegrabene Pyramide an, die ursprünglich mit Stuckmasken geschmückt gewesen zu sein scheint. Dieses mutmaßlich im 4. Jahrhundert n. Chr. errichtete Bauwerk gleicht den Pyramiden von Cerros und Uaxactún. Wie auf der Pyramide von Uaxactún existiert auf der von Acanceh eine quadratische Plattform, zu der an allen vier Seiten der Pyramide axiale Treppen hinaufführen. Die Cella auf der Plattform wird wie die Wohnhäuser der Maya aus Reisig geflochten gewesen sein und mit Lehm beworfene Wände sowie ein Dach aus Palmstroh gehabt haben.

Amerikanische Archäologen haben in Dzibilchaltún unter den Ruinen einer späteren Überbauung (Ende der klassischen Epoche) eine Pyramide freigelegt, zu deren oberer Plattform Treppen von allen vier Seiten heraufführen. Diese als Gebäude I Sub oder Tempel der Sieben Puppen bezeichnete Pyramide wurde vermutlich um die Mitte des 5. Jahrhunderts n. Chr. errichtet; die Datierung ist allerdings umstritten.

Auf der Plattform dieser Pyramide steht ein Tempel aus Stein, der eine Tür in der Mitte jeder seiner vier Seiten hat. Den Dachrand schmückt ein dekorativer Fries. An den Ecken sind vorkragende Ankersteine, an denen Stuckmasken des im feuchtigkeitsarmen Norden Yucatáns besonders verehrten Regengottes Chac befestigt waren. In der Mitte des gemauerten flachen Daches erhebt sich ein quadratischer Turm, der wie die Dachkämme der Tempel in Palenque vor allem eine dekorative Funktion gehabt zu haben scheint. Er ordnet sich in die axiale Symmetrie der Gesamtanlage ein.

Im Inneren dieses Hochtempels läuft – rings um dessen Mitte, die aus massivem Mauerwerk besteht – an jeder Seite ein mit einem Kraggewölbe versehener Korridor. Außer den vier Türen in der Mitte jeder Seite verfügen diese Korridore auch

Fassadenskulptur der Pyramide des Wahrsagers in Uxmal
Diese 80 cm hohe Skulptur von der Fassade der Pyramide des Wahrsagers in Uxmal, Yucatán, zeigt einen menschlichen Kopf im aufgerissenen Rachen einer Schlange. Das Motiv steht wohl im Zusammenhang mit dem vom mexikanischen Hochland im Maya-Gebiet eingeführten Kultes *kukulcáns*, der gefiederten Schlange. (Mexiko-Stadt, Museo Nacional de Antropología)

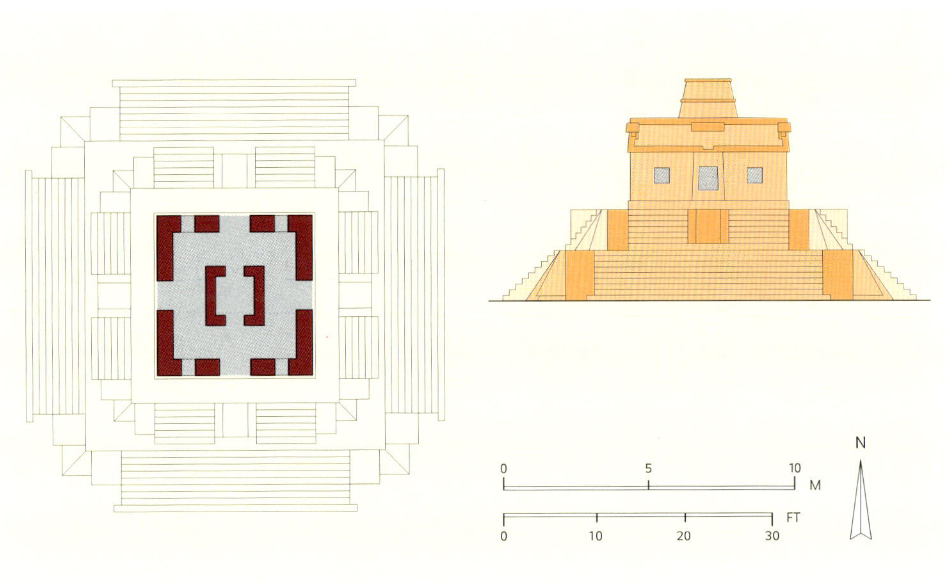

Grund- und Aufriß des Tempels der Sieben Puppen in Dzibalchaltún
Hier wird der rechtwinklige symmetrische Aufbau des Tempels besonders deutlich.

Tempel der Sieben Puppen in Dzibilchaltún
Der Tempel der Sieben Puppen steht auf einer quadratischen, über vier axiale Treppen zugänglichen Plattform. Die Cella hat beiderseits der Türen Fenster. Vom Stuckdekor des Frieses sind die vorspringenden Steine erhalten, auf denen der Stuck befestigt war. Der kaminartige Aufbau in der Mitte des Daches scheint eine veränderte Form der *cresteria* zu sein.

über zwei Fenster, durch die sie Licht empfangen. Derartige Fensteröffnungen, die nicht bis zum Boden hinabreichen, sind in der Maya-Architektur ungewöhnlich und auch bei den Bauten des Puuc-Stils sehr selten. Im Inneren des Tempels fand man sieben Keramikfiguren, die als »Puppen« bezeichnet wurden und dem Tempel seinen Namen gaben.

Der ausgezeichnet wiederhergestellte Tempel der Sieben Puppen von Dzibilchaltún beweist, daß es bereits in der Mitte der klassischen Epoche auch in Nord-Yucatán eine ausgebildete Baukunst gab. Seit den nachweisbaren unbeholfenen Anfängen aus den Jahrhunderten v. Chr. hatten sich bereits 450 n. Chr., als die Pyramiden von Acanceh und Dzibilchaltún gebaut wurden, Konventionen einer Steinbauweise entwickelt, die sich dann bis in das 8. Jahrhundert ständig vervollkommnen sollten.

Überwölbter Korridor im Tempel der Sieben Puppen
Der äußere Korridor des Tempels in Dzibilchaltún ist mit einem Kraggewölbe versehen. Das viereckige Fenster ist ein von den Maya höchst selten verwendetes Architekturelement.

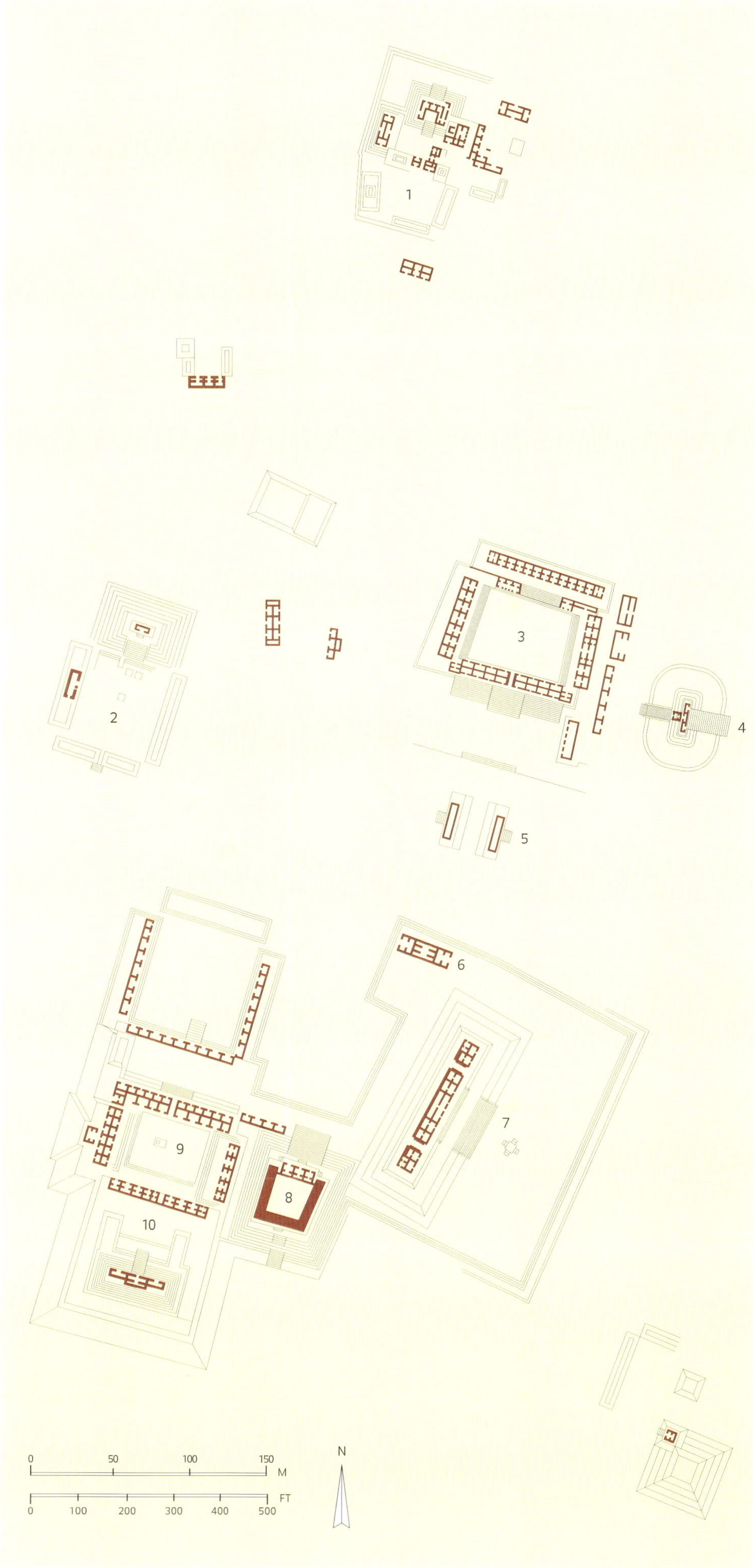

Lageplan des Zeremonialzentrums von Uxmal

1. Nordgruppe
2. Friedhofsgruppe
3. Viereck der Nonnen
4. Pyramide des Wahrsagers
5. Ballspielplatz
6. Haus der Schildkröten
7. Palast des Gouverneurs
8. Große Pyramide
9. Taubenhaus
10. Südwestgruppe

Blick von der Pyramide des Wahrsagers auf Uxmal

Von der Pyramide des Wahrsagers erblickt man südwestlich (links im Bild) den Palast des Gouverneurs, in der Mitte die Treppe der Großen Pyramide, rechts das Schildkrötenhaus und dahinter das sogenannte Taubenhaus mit gezacktem Dachkamm.

Stilelemente der Puuc-Architektur

Verglichen mit den Meisterwerken der Puuc-Architektur, die gegen Ende der klassischen Epoche im Nordwesten der Halbinsel Yucatán entstanden sind, sind die Anfänge in Acanceh und Dzibilchaltún recht bescheiden. Die Blüte des Puuc-Stils entfaltete sich in einem Gebiet, das in nordsüdlicher und in ostwestlicher Ausdehnung je etwa 65 km mißt. Bemerkenswert ist nicht nur die Qualität der errichteten Einzelbauten, sondern auch deren jeweilige Zuordnung im Rahmen einer wohldurchdachten Stadtplanung. Die großen Paläste – horizontale »Barren«, in denen sich Dutzende von Kammern befinden – stehen im Kontrast zu den hochragenden Pyramiden. Sie sind oft um große viereckige Innenhöfe gruppiert. Meist stehen diese Gebäudevierecke auf künstlich aufgeschütteten Plattformen.

Die Paläste sind, gleichviel ob sie einzeln stehen oder an den Seiten viereckiger Plätze oder Innenhöfe, stets nach demselben Prinzip konzipiert. Jede ihrer vielen Kammern hat die gewissermäßen »versteinerte« Gestalt einer Hütte.

Tatsächlich handelt es sich bei den mit Beton gewölbten Kammern der Tempel und Paläste sowie der Bauten des Krieger- und Priesteradels um die architektonische Übertragung des Innenraumes der traditionellen Wohnhütte in einen Steinbau. Diese Kontinuität zwischen Hütten- und Palastarchitektur zeugt von der großen Kohäsion der Maya-Gesellschaft – ungeachtet ihrer hierarchischen Gliederung.

In der äußeren Erscheinung unterscheidet sich der Palast jedoch erheblich von der Hütte. Der reich mit Reliefs geschmückte Fries an der Fassade betont die Macht der herrschenden Klasse, die sich diese Behausungen aus prächtig verziertem Beton hatte bauen lassen können.

Die Dekorateure dieser Fassaden schöpften auch bei einem Großteil der ver-

Blick vom Palast des Gouverneurs auf Uxmal
Von der Terrasse des Palastes des Gouverneurs sieht man nordöstlich (links im Bild) die Seitenfassade des Hauses der Schildkröten, in der Mitte den Ballspielplatz, dahinter die Bauten des Vierecks der Nonnen, rechts davon die Pyramide des Wahrsagers.

wendeten Schmuckmotive aus dem Formenschatz der Hütte. Nicht nur die Erscheinung der ganzen Hütte als Ornament, sondern auch Einzelelemente wie das Flechtwerk der Hüttenwände wird übertragen. Auch die Balusterreihen über den Türen und in den Schmuckfriesen erinnern an die Pfähle, die das Lianenflechtwerk der Hüttenwände und deren Dächer trugen. Die unter- und oberhalb des Schmuckfrieses um die Paläste gelegten Bindegesimse sind ebenfalls von einem Konstruktionselement der Hütte inspiriert: von den Stroh- oder Lianenseilen, die – außen um die Hütte gezurrt – verhinderten, daß das Dach die Palisade der Wände nach außen drückt.

Uxmal – Wohnsitz für Menschen und Götter

Die großen Pyramiden von Uxmal, insbesondere die sogenannte Pyramide des Wahrsagers, erheben sich über die langgestreckten Fassaden der Paläste, deren Friese mit rhythmisch wiederholten Schmuckmotiven den Horizont des flachen Landes variieren. Schon Mitte der 60er Jahre des 16. Jahrhunderts beschrieb Diego de Landa die Vielfältigkeit und Großartigkeit dieser Maya-Monumente.

Die Pyramide des Wahrsagers beherrscht das an allen vier Seiten von Palästen umgebene Viereck der Nonnen. (Es sei daran erinnert, daß die Namen, die man diesen Bauten gab, nichts über deren einstige Funktion aussagen. Sie sind von den Entdeckern, den spanischen Eroberern, erfunden worden, die Uxmal bei ihrer Ankunft unbewohnt vorfanden.) Sie bildet einen stumpfen Kegel mit abgerundeten Ecken, an dem zwei Treppen in die Höhe führen – an der Westseite eine sehr steile, von Chac-Masken flankierte, an der Ostseite eine breitere. Letztere führt zum Tempel IV auf der obersten Plattform der Pyramide, die bis zum Dach 45 m hoch ist. Auch diese Pyramide ist das Ergebnis einiger Umbauten und Überbauungen. So scheint die

Westansicht der Pyramide des Wahrsagers
An der westlichen Seite der sich auf ovalem Grundriß erhebenden Pyramide des Wahrsagers befindet sich eine breite Treppenflucht, an der beiderseits Masken des Regengottes Chac angebracht sind. Sie führt zu einem Heiligtum mit einer Fassade im Chenes-Stil. Diese ist der großen Cella – im typischen Puuc-Stil – auf der obersten Pyramidenplattform vorgelagert.

Osttreppe über eine ältere gebaut zu sein, die zu einem tiefergelegenen Heiligtum, dem Tempel II, geführt hat. An der Basis der Westseite der Pyramide hat man einen noch früheren Bau, Tempel I, ausgegraben, den man mit Hilfe einer Radiokarbonuntersuchung (C 14-Methode) der Zapoteholz-Oberschwelle in das Jahr 569 datiert. Die von Masken flankierte Treppe führt zu einem Hochtempel, Tempel III, dessen Gestaltung typische Züge des Chenes-Stils zeigt: Die Tür stellt das aufgerissene Maul der kosmischen Schlange dar, die Verkörperung der Himmelsgottheit Itzamná. Dieser Einfluß der Regionen Chenes und Río-Bec, der auch in Yucatán noch nachweisbar ist, beweist die enge Beziehung zwischen den Stämmen der Maya, die schon in der klassischen Zeit bestand.

Von der obersten Plattform der Pyramide des Wahrsagers erblickt man die vier Paläste, die das Viereck der Nonnen bilden. Der Grundriß dieser Anlage ist trapezförmig. Von Süden betritt man die Plattform, auf der die Gebäude stehen, über eine 80 m breite Treppe. Acht Türöffnungen in der Palastfassade der Südseite führen zu jeweils einer Kammer. In der Mitte der Fassade befindet sich ein hohes überwölbtes Tor, einem Triumphbogen gleich, das in den von den Gebäuden eingeschlossenen Hof überleitet. Die Entfernung der Hoffassaden voneinander beträgt in nordsüdlicher Richtung 65 m, in ostwestlicher 85 m.

Auch die Ebenen dieses zentripetalen Platzes sind moduliert. Die erste Treppe, die zum Triumphbogen hinaufführt, überwindet einen Niveauunterschied von 4–5 m. Auf dieser Ebene liegt der großzügige Innenhof. Von diesem leiten im Osten und im Westen abermals Treppen zu den wiederum annähernd 2 m höher liegenden Palästen hinauf. Gegenüber dem Triumphbogen an der Nordseite des Hofes führt zwischen zwei Vorbauten eine weitere Treppe zu dem 4–5 m höher erbauten vierten Palast hinauf. Das Ensemble folgt also einer ansteigenden Bewegung. Diese Anordnung der Baukörper auf verschiedenen Ebenen belebt die räumliche Organisation der Anlage. Außerdem lenkt die Trapezform des Hofes, dessen Nordseite

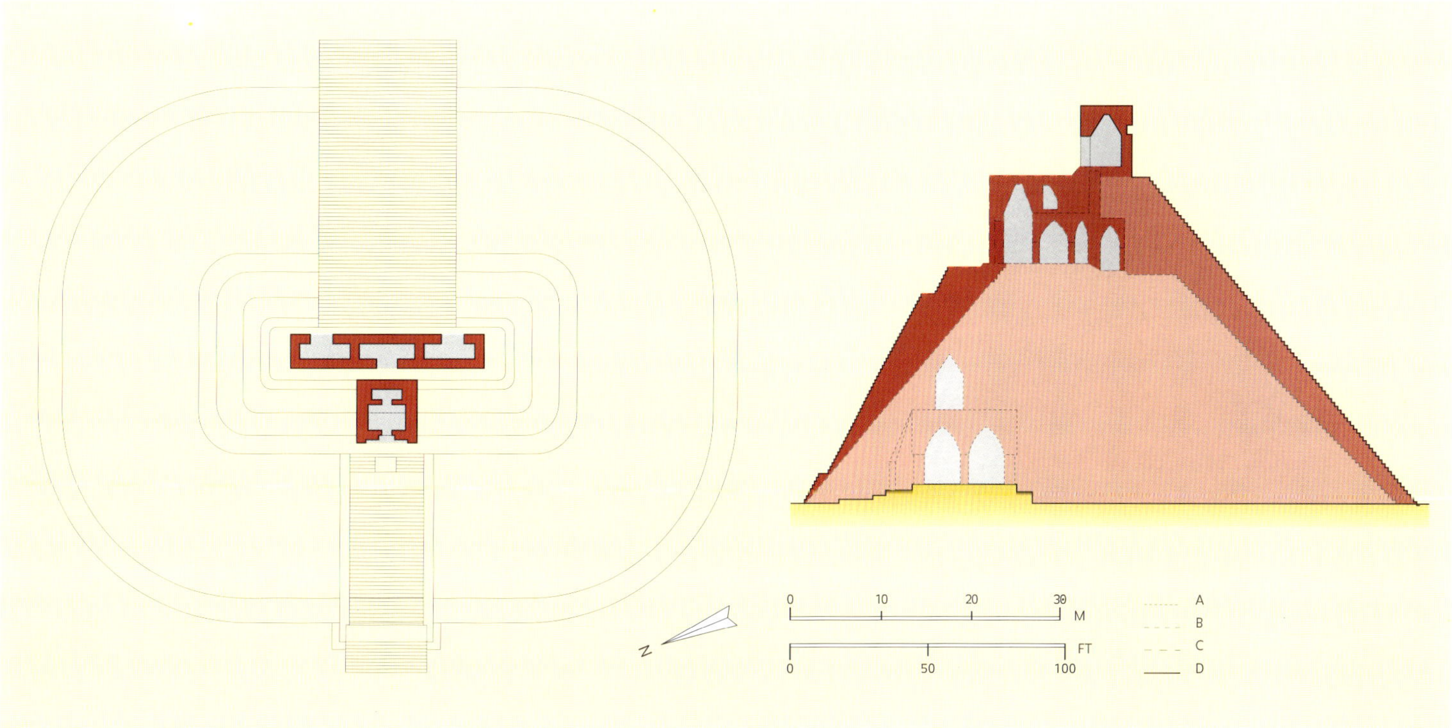

Ostansicht der Pyramide des Wahrsagers
An der Ostseite der Pyramide führt eine steile, breite Treppe ohne Unterbrechung auf die oberste Plattform.

Grundriß und Schnitt der Pyramide des Wahrsagers
Grundriß und Schnitt zeigen, daß die endgültige Gestalt der Pyramide des Wahrsagers das Ergebnis mehrerer Überbauungen ist.

A Tempel I
B Tempel II
C Tempel III
D Tempel IV

Tempelfassade der Pyramide des Wahrsagers
Die Fassade des Tempels an der Westseite der Pyramide des Wahrsagers ist im charakteristischen Chenes-Stil errichtet. Der Eingang ist als stilisiertes Maul des kosmischen Ungeheuers gestaltet.

Motiv des Regengottes Chac an der Pyramide des Wahrsagers
Überall in Uxmal begegnet man dem Motiv der Maske des Regengottes Chac mit dem erhobenen Rüssel und den spiralförmigen Augen unter dicken Brauen, so auch an der Westtreppe der Pyramide des Wahrsagers.

Seite 135
Westtreppe der Pyramide des Wahrsagers
Schwindelerregend hohe Treppen führen an der Westseite der Pyramide des Wahrsagers zum Hochtempel im Chenes-Stil hinauf. Die massige Baustruktur wird von den an den Stufen angebrachten Chac-Masken und dem quer verlaufenden Durchgang am Fuß der Treppe aufgelockert.

Viereck der Nonnen von Uxmal
Blick auf den Gebäudekomplex von der Höhe der Pyramide des Wahrsagers. Besonders interessant sind die offen gehaltenen Ecken des Gebäudegevierts. Vier massige Paläste gruppieren sich um den Platz.

kürzer ist als seine Südseite, perspektivisch den Blick auf das höher gelegene Gebäude an der Nordseite.

Die vier Paläste (Nord- und Südbau sind 85 m, der Ostbau 50 m und der Westbau 55 m breit) bilden keine zusammenhängende Baugruppe und sind auch nicht miteinander verbunden. An den vier Ecken ist der Hof also geöffnet, was dem optischen Eindruck der Anlage insofern zugute kommt, als die freien Stellen an den Ecken das Ensemble auflockern. Dies zeugt von der großen Meisterschaft der Maya bei der Komposition von umfangreichen Gebäudekomplexen.

Die Paläste des Vierecks der Nonnen verfügen über je zwei hintereinander liegende Kammerreihen mit insgesamt 50 Kammern sowie über ein geräumiges Repräsentationsapartment, das, in der Mitte des östlichen Palastes gelegen, sechs Räume umfaßt.

Ähnlich ist auch das Taubenhaus angelegt, das als Teil der südwestlichen Gebäudegruppe Uxmals die Große Pyramide flankiert. Auch hier gibt es einen Triumphbogen, und die Gebäude, die den Hof umstehen, sind an den Ecken nicht miteinander verbunden. Nördlich des Taubenhauses ist ein weiterer Hof vorgelagert, der aber nur an drei Seiten mit Steingebäuden bebaut ist. Diese Gebäude verfügen über eine Kammerreihe. Die nördliche Seite der Plattform ist unbebaut. Es ist unklar, ob der Plan der Anlage hier nicht zu Ende geführt wurde oder ob sich hier vielleicht ein Bau aus vergänglichen Materialien befunden hat.

Diese Art von Hofanlagen ist charakteristisch für die Stadtplanung von Uxmal. Zweifellos spiegeln sie das politische und soziale Zusammenleben des Stammesverbandes. Unverkennbar ist auch eine gewisse Ähnlichkeit dieser Anlagen, bei denen neben einer Tempelpyramide ein von vier Palästen umgebener Hof angelegt ist, mit den Klosteranlagen des christlichen Mittelalters. Wie an den Kreuzgängen un-

Nordbau des Vierecks der Nonnen in Uxmal
Die 85 m lange Fassade des Palastes an der Nordseite erhebt sich auf einem Sockel. Eine breite, von Säulenhallen flankierte Treppe führt zum Palast hinauf.

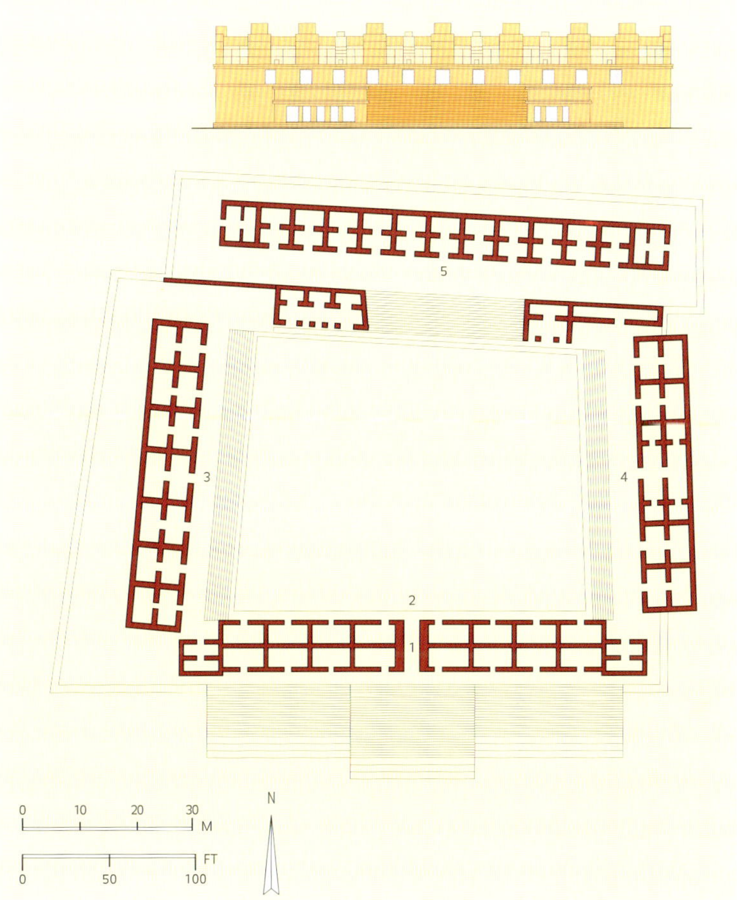

Aufriß des Nordbaus und Grundriß des Vierecks der Nonnen
Der Grundriß des Vierecks der Nonnen in Uxmal zeigt deutlich die Trapezform des Platzes.
1. Gewölbtes Tor
2. Südbau
3. Westbau
4. Ostbau
5. Nordbau

Fries am Ostbau des Vierecks der Nonnen
Symbole der Macht finden in diesem Fries als Dekorelemente Verwendung: Zeremonialstäbe in Gestalt von Schlangen mit Köpfen an beiden Enden. In der Mitte dieser Schmuckmotive erscheint ein stilisierter Kopf, der vermutlich einen Herrscher darstellt.

Ostbaufassade des Vierecks der Nonnen
Fünf Türen öffnen sich in der unteren Fassadenzone, die von Gesimsen aus eingebundenen Säulchen eingefaßt wird. Auf einem Fries aus Kreuzstäben, der einem Flechtwerk nachempfunden ist, sind aus übereinandergeschichteten Zeremonialstäben zusammengesetzte Formen aufgesetzt.

Detail an der Ostbaufassade des Vierecks der Nonnen
Die Enden der skulptierten Zeremonialstäbe bestehen aus Schlangenköpfen, deren aufgerissene Rachen mächtige Giftzähne zeigen. Sie sind ein Detail der Fassadengestaltung des Ostbaus. An anderen Enden findet man Jaguarköpfe. Beide Varianten sollten vermutlich Schaden und Unheil fernhalten.

Westbaufassade des Vierecks der Nonnen
Der Fries des Westbaus im Viereck der Nonnen hat seine gegenwärtige Gestalt durch eine Überarbeitung und Umdeutung erhalten. Zunächst zeigte er auf einem Hintergrund von Kreuzstäben Stufenmäander und Masken des Regengottes Chac. Später, unter dem Einfluß des Hochlands von Mexiko, hat man diesen Elementen eine Darstellung der großen Federschlange hinzugefügt.

Seite 140 oben links
Die gefiederte Schlange Kukulcán
Das Detail der Fassadendekoration des Westbaus im Viereck der Nonnen zeigt das mit Klapperschlangenrasseln besetzte Ende des Schwanzes und ihren Kopf. Im aufgerissenen Rachen erscheint ein menschliches Antlitz. Es ist der toltekische *quetzalcoatl* oder *kukulcán*, wie ihn die Maya nannten, Symbol des Morgensterns und der Auferstehung.

Seite 140 oben rechts
Regengott Chac als Wächter
An der Ecke des Ostbaus im Viereck der Nonnen prangt eine Maske des Regengottes Chac, deren typische rüsselförmige Nase abgebrochen ist.

Seite 140 unten links
Regengott Chac als Beschützer
Typisch für den Puuc-Stil ebenso wie für die Maya-Bauten in Campeche sind die übereinander angebrachten Chac-Masken an allen vier Palastecken. Sie sollten vermutlich die Würdenträger der Maya-Städte beschützen.

Seite 140 unten rechts
Allgegenwärtiger Regengott Chac
In Uxmal findet das Motiv des Regengottes Chac mit seiner rüsselähnlichen Nase vielfältige Verwendung. Die merkwürdige Nasenform wurde von den ersten europäischen Reisenden zunächst fälschlicherweise als Elefantenrüssel interpretiert.

Triumphbogen des Südbaus im Viereck der Nonnen
Ein großer Triumphbogen führt durch den Südbau direkt in den Hof des Vierecks der Nonnen. Das Gewölbe besteht aus massivem Gußbeton, als Verschalung diente die Verkleidung aus behauenem Stein.

mittelbar neben der Kirche die Gründer und Bewahrer der Geisteskultur der mittelalterlichen Gesellschaft wohnten, so wurde auch in Uxmal in den steinernen Palästen neben der Pyramide gelebt und gearbeitet. Vielleicht hatte es sich auch bei den Bewohnern der unterschiedlichen Höfe um Angehörige verschiedener religiöser »Orden« gehandelt, jeder dem Dienst einem der Hauptgötter der Maya geweiht. Die in Uxmal äußerst seltenen Inschriften unterstützen diese These allerdings nicht.

Ballspielplatz in Uxmal
Der Ballspielplatz liegt im Zentrum der Puuc-Stadt. An der Einfassungswand über der Böschung am linken Spielfeldrand ist einer der offenen Steinringe erhalten, die den Spielern wahrscheinlich als Ziele beziehungsweise Tore dienten. Dieser Ballspielplatz wurde im Jahre 649 n. Chr. angelegt und 901 umgebaut.

Der Ballspielplatz

Zwischen dem Viereck der Nonnen und dem Palast des Gouverneurs liegt in der tiefsten Bodensenkung des Stadtgebietes von Uxmal der Ballspielplatz. Die beiden das Spielfeld begrenzenden Böschungen trugen Gebäude, die als Tribünen dienten. Von hier verfolgte die Zuschauerelite den Verlauf des rituellen Wettstreits der gegnerischen Mannschaften, bei dem es für die Spieler nicht selten um Leben und Tod ging, da die Verlierer oft den Göttern geopfert wurden. Hier wurden Inschriften freigelegt, von denen sich eine auf das Jahr 649 n. Chr. und damit wahrscheinlich auf den ersten Bauzustand bezieht. In einer anderen ist das Datum 901 n. Chr. angegeben, das mit dem Ende der Spätzeit der klassischen Epoche gleichgesetzt wird. Es bezieht sich vermutlich auf die in dieser Zeit erfolgte Ausstattung des Ballspielplatzes mit einem neuen Schmuckelement: ein die Basis der Spielfeldeinfassung umlaufender skulptierter Wulst, der die gefiederte Schlange darstellt. Um diese Zeit wurde sie von den Tolteken in Yucatán als Gottheit eingeführt und findet sich als Motiv sowohl als *quetzalcoatl* – so die toltekische Bezeichnung – in Tula, als auch in Chichén Itzá als *kukulcán*, wie die Maya sie nannten.

Taubenhaus von Uxmal
Der Gebäudekomplex erhielt seinen Namen aufgrund seines gezackten Dachkamms. Die sich erhebenden Aufbauten mit fensterähnlichen Öffnungen waren vielleicht ursprünglich mit Skulpturen geschmückt und erinnern an einen Taubenschlag.

Große Pyramide von Uxmal
Eine breite Treppe führt zum Hochtempel der Großen Pyramide, der nur durch eine Tür zugänglich ist. Im Hintergrund ist der gezackte Dachkamm des Taubenhauses zu erkennen.

Fassade des Palastes des Gouverneurs in Uxmal
Auf einem künstlich aufgeschütteten Sockel, zu dessen Plattform eine breite Treppe hinaufführt, steht der Palast, gegliedert in drei Baukörper, die durch zwei Torbogen miteinander verbunden sind. Elf Türöffnungen gewähren Zugang zu den Innenräumen des Gebäudes. Entlang der ca. 100 m langen Fassade verläuft ein breiter, mit symbolischen Motiven geschmückter Fries.

Großer Saal im Palast des Gouverneurs in Uxmal
Ungewöhnlich geräumig – er umfaßt drei durchschnittlich große Palastinnenräume – ist der Große Saal des Palastes des Gouverneurs. Er ist von außen durch drei Türöffnungen zugänglich.

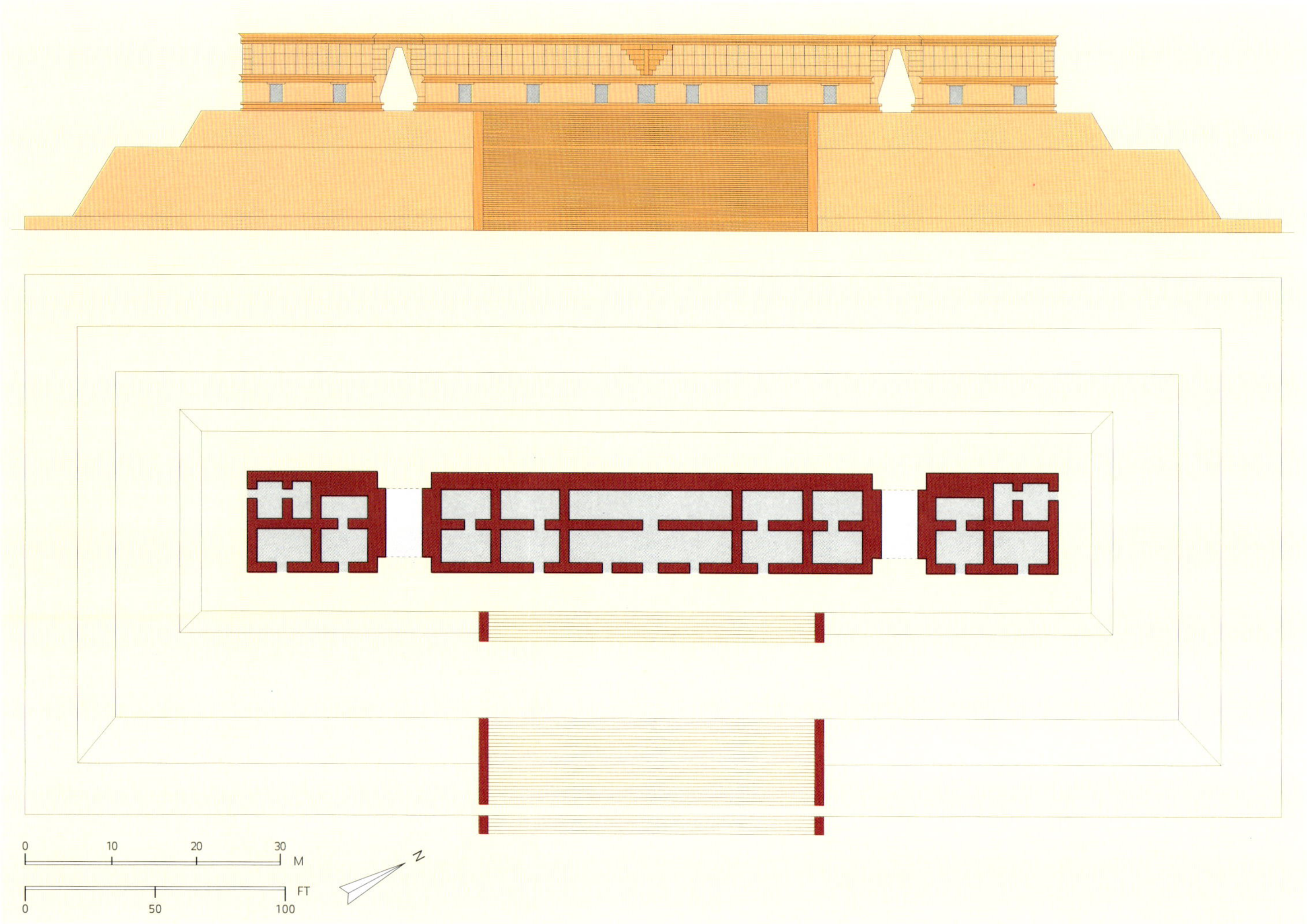

Grund- und Aufriß des Palastes des Gouverneurs in Uxmal
Die neuzeitliche Namensbezeichnung umschreibt die einstige Funktion des Gebäudes, in dem mit Sicherheit die Herrscher von Uxmal residierten.

Diese Schlange windet sich auch über den mit Gitterwerk verzierten Fries des Westbaus am Viereck der Nonnen. An ihrem Schwanz erkennt man die Rasseln, mit denen die Klapperschlange ihre Opfer in Schrecken versetzte. Im weit aufgerissenen Maul der Schlange erscheint das Gesicht eines Menschen, das die Auferstehung symbolisiert. Die toltekische gefiederte Schlange betonte somit das Ritual von Leben und Tod – konkretisiert in der Form des Ballspiels – und verdeutlicht beziehungsweise verewigt den sakralen Charakter der Architektur Uxmals.

Der Palast des Gouverneurs

Das fast 100 m lange Gebäude des sogenannten Palastes des Gouverneurs besteht aus drei axial symmetrisch disponierten Abschnitten: einem 55 m langen Mittelbau und zwei je 15 m langen Flügeln, die mit dem Hauptgebäude durch zwei 7 m hohe Kraggewölbe verbunden sind. Diese waren ursprünglich offen und bildeten Korridore, die zwischen den Baukörpern lagen. Später mauerte man sie zu und stellte Säulen davor auf.

Der Palast des Gouverneurs steht auf einem besonders hohen Sockel. Das Gesamtvolumen dieser 18 m hoch übereinander gesetzten vier Esplanaden beträgt 250 000 m^3, was einer Menge von 450 000–500 000 Tonnen Material entspricht. Dieser künstliche Berg bringt die Ausgewogenheit der Gestaltung seiner Fassade auf das Schönste zur Geltung.

Bei näherer Betrachtung treten die subtilen Gestaltungsrhythmen zutage: Der mittlere Baukörper verfügt über sieben Türöffnungen, deren symmetrische Anordnung die dazwischenstehenden, ungleich breiten Mauerstücke in eine ebenfalls symmetrische Ordnung regelmäßig abwechselnder Breiten bringt.

Palast des Gouverneurs
Diese Ansicht der Ostfassade vom Palast des Gouverneurs verrät den Sinn für majestätische Formen, von dem die Baumeister im 11. Jahrhundert n. Chr. geleitet wurden.

Um das Prinzip zu ermitteln, dem die Anordnung der Türöffnungen in der Fassade folgt, hat man die Breiten der Türöffnungen und der dazwischen liegenden Mauerstücke vermessen. Dabei hat man eine überraschende Beobachtung gemacht: Allen diesen Maßen liegen zwei Grundelemente zugrunde, umschrieben durch A und B. Diese können entweder einzeln oder verdoppelt auftreten (A und AA oder B und BB). Ihre Anordnung bei der Gestaltung der Palastfassade läßt sich in der folgenden Formel ausdrücken:

A AA A – B BB AA B B AA BB B – A AA A

Die Formel ist einfach und subtil zugleich. Jegliche Monotonie ist vermieden, und doch ist gleichermaßen für die Angliederung der Flügel an den mittleren Baukörper gesorgt. In Metern ausgedrückt ergibt sich folgendes Bild:

3 6 3 – 3,5 7 6 3,5 3,5 6 7 3,5 – 3 6 3

Die Türöffnungen führen in 20 gewölbte Kammern, von denen manche höchstens 4 x 2,5 m, andere, in der Mitte des Palastes liegend, mit 4 x 20 m großzügige Empfangssäle waren. Hier war Platz zur Entfaltung prunkvoller höfischer Zeremonien.

Entlang der ganzen Fassade verläuft über den Türöffnungen ein breiter, aus Steinmosaik zusammengesetzter Relieffries, unten und oben begleitet von zwei vorspringenden Simsen. Diese annähernd 4 m hohe und über alle vier Seiten des Palastes gezogene Schmuckfläche von nahezu 1 000 m^2 ist aus verschiedenen Elementen gestaltet: Am auffälligsten ist die figürliche Reliefplastik über der mittleren Tür; sodann, an den Ecken des Gebäudes übereinandergesetzt und in großen Wellen über den Fries verteilt, die Masken des Regengottes Chac; und nicht zuletzt der Stufenmäander mit Sonnensymbolen, die ebenfalls in Wellen über die gesamte

Fassadendetail am Palast des Gouverneurs
Über dem mittleren Eingang zum zentral gelegenen Großen Saal befindet sich, aufgesetzt auf den die ganze Fassade schmückenden Dekor von Stufenmäandern, eine Art Mandorla. Vor dem Hintergrund horizontal geschichteter Zeremonialstäbe, deren Enden mit Jaguarköpfen verziert sind, zeigt sich das Standbild des Herrschers mit einer hohen Krone aus Quetzalfedern.

Sockeldetail am Palast des Gouverneurs
Die Formstrenge der Sockelzone mit eingebundenen Balustern steht im Gegensatz zur Üppigkeit der Friesdekoration.

Oberfläche des Frieses laufen sowie ein Gitter von Kreuzstäben, das eine Umsetzung des Flechtwerks der Hüttenwände in Stein ist. Anhand der Komposition des Frieses aus sich nahezu unendlich wiederholenden Elementen wird deutlich, daß die Baumeister von Uxmal imstande gewesen sein müssen, solche Elemente serienmäßig fertigen zu lassen.

In der Mitte des Fassadenschmucks, um die die Mäander und die Chac-Masken »kreisen«, findet man über der mittleren Palasttür ein Reliefbild des Oberhauptes. Im Hintergrund sieht man übereinander gelegte Zeremonienstäbe in Schlangengestalt, die als Abzeichen der Herrschergewalt bei den Maya gebräuchlich waren. Die Entfaltung der sich unablässig wiederholenden Schmuckmotive zu beiden Seiten des Herrscherbildes setzte den Regenten in Beziehung zu den von diesen Motiven symbolisierten Mächten: zu dem in Form der Chac-Masken dargestellten Regengott und den auf den Stufenmäandern beschriebenen Sonnendarstellungen. Regen und Sonne sind die Mächte, von denen eine Agrargesellschaft besonders abhängt. Weiterhin wird die Verbindung zwischen Volk und Machthaber durch das steinerne Gitterwerk ausgedrückt, welches das Flechtwerk der Hüttenwände symbolisiert, hinter denen die Bevölkerung von Uxmal lebte. So wurde dem Volk zur Anschauung gebracht, wie die Obrigkeit dessen ganzes Leben umfaßte.

Seite 149
Torbogen am Palast des Gouverneurs
Der konkav gekragte Bogen, der den Südflügel mit dem Mittelbau verbindet, überwölbte ursprünglich ein offenes Tor. Es wurde später durch eine Trennwand geschlossen, der ein Säulengang vorgestellt wurde, dessen Säulenschäfte teilweise noch erhalten sind.

Fassadendetail am Haus der Schildkröten in Uxmal
Die Abbildung zeigt eine der Schildkröten, die das obere Kranzgesims schmücken. Wie der Palast des Gouverneurs wurde dieses Gebäude gegen Ende des 9. Jahrhunderts n. Chr. errichtet.

Haus der Schildkröten in Uxmal
Die Seitenfassade des Hauses der Schildkröten, das den Palast des Gouverneurs flankiert, ist mit sehr einfachen Mitteln gestaltet. Oberhalb der drei Türöffnungen bilden zylindrische Baluster einen Fries. Eingefaßt wird der Fries vom mittleren Gesims und dem mächtigen Kranzgesims.

Serienproduktion und Arbeitsteilung

Schematische Darstellung einer Chac-Maske
Diese Masken wurden vermutlich aus in Serien hergestellten stereotypen Elementen zusammengesetzt. Deshalb war es für die Maya möglich, das gleiche Gesicht als Schmuckelement auf den Friesen der Paläste der Puuc-Region einzusetzen.

Chac-Masken am Palast des Gouverneurs
Auch der Palast des Gouverneurs steht in der Tradition der Puuc-Region: An den Palastecken ist eine Chac-Maske über der anderen angebracht.

Auf dem insgesamt 260 m langen, um alle vier Seiten des Palastes des Gouverneurs in Uxmal laufenden Mosaikfries sind 230 Chac-Masken, 106 Stufenmäander und annähernd 300 m² Kreuzstabgitter angebracht.

Jede der 120 cm hohen und 60 cm breiten Chac-Masken besteht aus 19 symmetrisch angeordneten Bausteinen. Einer bildet den geschwungenen »Rüssel« der Nase, vier Bausteine stellen die Ohren dar. Sowohl für die Ornamente über und unter den Ohren, als auch für die Augen bedurfte es zweier Bausteine, zwei weitere bilden die Augenbrauen, zwei die Wangen, zwei die Kiefer und so fort. Insgesamt wurden 460 identische Steine für die Augen, 920 für die Ohren und entsprechend viele für die anderen Elemente des Gesichts des Regengottes verwendet.

Das Gitterwerk des Frieses besteht aus quadratischen Steinplatten, auf denen ein Andreaskreuz herausgehauen ist. Diese Platten haben eine Seitenlänge von 20 cm, das heißt, daß für die Ausstattung des gesamten Frieses 6000 dieser Platten gebraucht wurden. Die strenge Gestaltung des Frieses wäre schon durch geringfügige Abweichungen vom Gleichmaß empfindlich gestört worden. Bei der Herstellung dieser Elemente wurde daher deren genaue Uniformität angestrebt.

Zweifellos setzte eine derartige Produktion fortgeschrittene Arbeitsteilung voraus. Es gab sicherlich Spezialisten für die Herstellung der Formstücke sowohl für jeden Arbeitsgang, als auch für jede ihrer verschiedenen Formen. Es wird Mannschaften von Steinbrechern gegeben haben, solche von Steinmetzen, die die Blöcke zerkleinerten und die Stücke auf die benötigten Maße brachten, und schließlich Bildhauer, die ihnen die gewünschte Form gaben, wobei höchstwahrscheinlich unterschiedliche Skulpteure für die einzelnen Formen zuständig waren.

Es handelt sich demnach bei dem Fries am Palast des Gouverneurs um eine Komposition aus serienmäßig hergestellten stereotypen Elementen. Bei einer Kultur, die technisch kaum über das neolithische Stadium hinausgekommen war und weder über Kenntnisse auf dem Gebiet der Metallurgie noch über mechanische Technologien verfügte, überrascht die differenzierte Arbeitsorganisation, die bei einer derartigen »Fließbandproduktion« vorauszusetzen ist. Doch ebenso wie die Hieroglyphenschrift, das Vigesimalsystem, eine mit Stellenwerten rechnende Arithmetik oder der astronomische Kalender, beweist auch diese Arbeitsorganisation, daß die Maya-Gesellschaft ihrer Zeit auf gewissen Gebieten weit voraus war.

Formenreichtum yukatekischer Städte

Paläste, Triumphbögen, Observatorien

Seite 153
Detail eines Flachreliefs aus Kabáh
Flachreliefs sind selten in der Puuc-Region. Die in Kabáh gefundenen Reliefs schmücken Türrahmen und stellen Häuptlinge oder Könige dar, die bewaffnet und mit den Insignien ihrer Würde versehen sind.

In Yucatán wurden während des 8. und 9. Jahrhunderts die meisten Bauten in der Puuc-Region im gleichnamigen Stil errichtet. Eine Konstellation bedeutender Baudenkmäler findet sich in Kabáh, Sayil, Labná, Xlapak und Chacmultún, Orte im Süden Uxmals, der mutmaßlichen Hauptstadt der yucatekischen Könige.

Unter diesen Zentren verdient Kabáh besonderes Interesse. Erst vor kurzem sind dort die Paläste erforscht und restauriert worden. Der Palast der Masken oder Codz Poop, das bedeutendste Bauwerk von Kabáh, zeigt eine ganz mit Masken des Gottes Chac bedeckte Fassade. Von der Basis bis zum Kranzgesims sind sie übereinander und auf der ganzen Länge des Gebäudes nebeneinander gesetzt, so daß dessen Oberfläche mit den steinernen Haken, die die rüsselförmigen Nasen dieser Göttermasken darstellen, übersät ist. Ursprünglich dürfte es wohl an der Fassade des Codz Poop nicht weniger als 260 Bilder des Regengottes gegeben haben. Vielleicht entsprach die Anzahl der Masken tatsächlich der Anzahl der Tage des heiligen Maya-Kalenders. Diese unablässige Wiederholung übte den Zauber einer Litanei aus und hat fast eine hypnotisierende Wirkung. Die Fassadengestaltung des Palastes des Gouverneurs in Uxmal beweist ebenso wie die des Palastes der Masken in Kabáh, daß die Künstler auf eine Serienproduktion von hoher Qualität angewiesen waren, da diese Dekoration nur aus absolut identischen Teilen zu verwirklichen war.

Der 45 m lange Bau verfügt über fünf nach Westen ausgerichtete Eingänge, die zu je zwei hintereinander liegenden Kammern führten, und einen durchbrochenen, hohen Dachkamm, der einen Dekor von Stufenmäandern zeigt. Er erhebt sich über einer großen, künstlich angelegten Esplanade, zu der eine breite axiale Treppe mit einem Altar am oberen Ende hinaufführt, und über einem Sockel, an dem über die ganze Breite eine letzte Treppenflucht zu seinen Türen hinaufführt.

Hinter der mittleren Tür befindet sich eine architektonische Besonderheit: Um in die dahinterliegende zweite Kammer zu gelangen, muß man eine dreistufige Schwelle hinaufsteigen. Die Stufen sind als Chac-Maske gestaltet, wobei die rüsselartige Nase des Gottes verlängert werden mußte, um als Stufe dienen zu können. Sie stellt sich hier als »aufgerollte Matte« dar, was zu dem Namen geführt hat, den die Maya dem Gebäude gaben: Codz Poop. In gewisser Weise ist diese Schwelle in Gestalt einer Chac-Maske vergleichbar mit den Türen in Form eines aufgerissenen Schlangenmauls, das bei vielen Bauten der Chenes-Region zu finden ist. Daher wäre es möglich, daß auch am Eingang der Kammer im Codz Poop ein Initiationsritual vollzogen wurde.

Bei Ausgrabungen und Restaurierungsarbeiten hat man 1992 in Kabáh an der Fassade eines anderen, östlich gewandten Palastes bemerkenswerte Großplastiken gefunden: Statuen mit seltsam stilisierter menschlicher Gestalt. Charakteristisch für diese Kalksteinstatuen ist die starre Haltung, die schematische Hakenform der Hände, das ausdruckslose, mit Narben von Schröpfgefäßen bedeckte Gesicht und eine kronenförmige Kopfbedeckung beziehungsweise Haartracht. Es scheint, daß diese Skulpturen von einem Kult zeugen, den die Maya am Ende der klassischen

Yucatekische Rundplastik eines »Königs von Kabáh«
Dieses schon vor mehreren Jahrzehnten entdeckte Skulpturfragment zeigt einen finster blickenden, narbigen und schnurrbärtigen Mann mit einer Krone auf dem Kopf. Die Skulptur gehört offenbar zum selben Ensemble wie die kürzlich in Kabáh entdeckten Statuen (vgl. Abb. S.160). Der expressive Stil der Skulptur hat wenig Ähnlichkeit mit den künstlerischen Zeugnissen aus Palenque. (Mexiko-Stadt, Museo Nacional de Antropología)

Rundpfeiler im typischen Puuc-Stil
Diese Ensembles von Rundpfeilern sind eine Besonderheit des Dekors des Cabal Pak-Palastes, der im 8. oder 9. Jahrhundert in Chacmultún erbaut wurde.

Epoche ihrem Herrscher weihten. Dem Fragment einer derartigen Skulptur, das im Museum für Anthropologie und Geschichte in Mexiko ausgestellt ist, gab man den Namen »König von Kabáh«.

Diese Statuen, in markanter Höhe aufgereiht, gaben der Palastfassade eine gewisse Ähnlichkeit mit den Ziergiebeln der Tempel im klassischen Altertum. Jede Statue stand auf einem Kragstein unter einer Chac-Maske, die eine Art Baldachin bildete. Die so aufgereihten Wesen sind offenbar nicht als mythische Ahnen, sondern als Herrscher, die zu Göttern wurden, zu verstehen.

Die Seiten der Türverkleidungen dieses Palastes zeigen in Basrelief Herrschergestalten mit reichem Federschmuck und kunstvoller Haarpracht sowie Waffen und Pfeilen. Auch hier scheint es sich bei den dargestellten Figuren nicht, wie man früher angenommen hat, um Wesen aus der Maya-Mythologie zu handeln, sondern, so offenbaren es die entzifferten Hieroglyphen von vielen Monumenten, um historische Personen.

Wie die Mehrzahl der Maya-Bauten stehen auch die Paläste von Kabáh auf erhöhten Esplanaden, zu denen breite Treppen hinaufführen, die die Funktion dieser Bauten im Stadtzusammenhang definieren.

Cabal Pak-Palast in Chacmultún
Die sehr streng und einfach gestaltete Fassade dieses Palastes ist oberhalb des schweren Gesimses mit Reihen von balusterähnlichen Rundpfeilern geschmückt. Zwei monolithische Rundpfeiler mit quadratischen Deckplatten tragen die Oberschwelle des breiten Mitteleingangs.

Seite 158
Innenansicht des Palastes der Masken in Kabáh
Im Palast der Masken in Kabáh ist selbst die dreistufige Schwelle, die von einer Kammer in eine höhergelegene hinaufführt, als Maske des Regengottes Chac gestaltet. Als Stufe diente die gelängt gerollte rüsselartige Nase des Gottes.

Oben
Palast der Masken oder Codz Poop in Kabáh
Die Fassade des Palastes der Masken war vermutlich ursprünglich mit 260 identischen Masken des Regengottes Chac bedeckt. Der durchbrochene, hohe Dachkamm zeigt ein Dekor von Stufenmäandern.

Unten
Grund- und Aufriß des Palastes der Masken in Kabáh
Hinter dem üppigen Fassadendekor verbirgt sich ein sehr streng und schlicht konzipierter Bau.

Statue eines Herrschers
Diese erst vor kurzer Zeit ausgegrabene und wieder an ihrem ursprünglichen Ort an der Fassade eines Palastes in Kabáh angebrachte Statue zeigt die lebensgroße Gestalt eines Herrschers unterhalb einer Chac-Maske. Die Statue gehörte zu einer ganzen Reihe ähnlicher Plastiken.

Seite 161
Fassadendetail des Palastes der Masken in Kabáh
Die meisten Nasen des Regengottes, vor allem die Spitzen, sind abgeschlagen; nur an der Ecke des Gebäudes befindet sich eine vollständig erhaltene Nase.

Innenansicht des Palastes in Sayil
Mehrere Räume des Palastes in Sayil sind nicht durch eine Tür zugänglich, sondern durch eine Art Portikus mit zwei Rundpfeilern samt quadratischen Deckplatten. Das Kraggewölbe weist ein konkaves Profil auf.

Palast in Sayil

Der dreigeschossige Palast ist der berühmteste Bau in dem nicht weit von Kabáh gelegenen Sayil. Vergleichbar mit dem Palast in Edzná führt an den drei stufenförmig zurückspringenden Geschossen des Palastes von Sayil eine mächtige axiale Treppe in drei Fluchten hinauf. Über die letzte Flucht erreicht man die Räume des dritten Geschosses, zu dem sich sieben Türen öffnen. Die mittlere führt in zwei hintereinander liegende Kammern, die drei zur Rechten und zur Linken führen nur in jeweils einen einzigen gewölbten Raum.

Die interessantesten Gemächer des Palastes in Sayil liegen im zweiten Geschoß, das man als das *piano nobile* (Hauptgeschoß) dieses Baus bezeichnen könnte. Zu diesen Räumen öffnet sich eine Art Säulengang mit drei Öffnungen. Auf diesen runden monolithischen oder aus zwei Trommeln zusammengesetzten Pfeilern liegen schmucklose quadratische Deckplatten. Sie tragen einen über die gesamte Fassade laufenden Fries, der in Relief die Darstellungen unterschiedlicher Götter zeigt: Himmelsschlangen mit weit aufgerissenem Maul in Profilansicht, Masken des Regengottes Chac und Darstellungen des sogenannten »herabkommenden Gottes«.

Diese Gottheit, die man in Rückenansicht, kopfüber mit angezogenen Beinen

Auf- und Grundriß des Palastes in Sayil
Die wie Stufen einer Pyramide übereinander gesetzten drei Geschosse des Palastes bargen zahlreiche Räume.

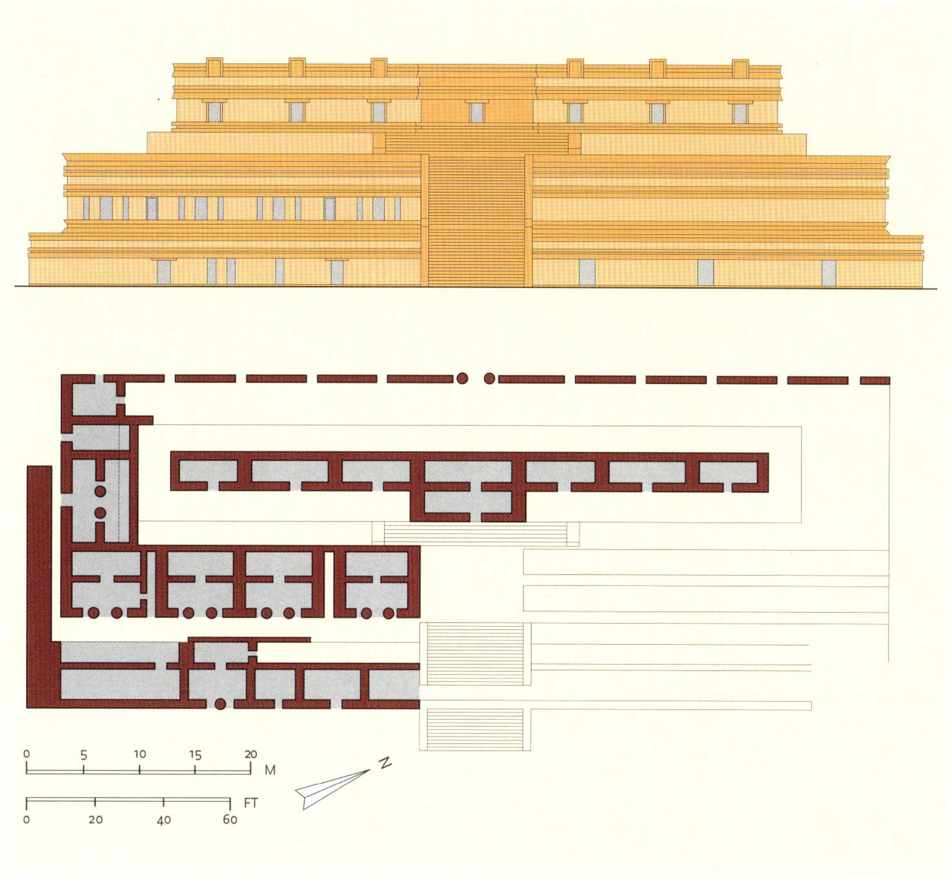

Palast in Sayil
Die Fassade des großen Palastes in Sayil ist 85 m lang. Eine Treppe verbindet die auf drei Ebenen angeordneten Galerien gewölbter Kammern. Im zweiten Geschoß sind den Galerien je zwei in der Mehrzahl monolithische Rundpfeiler mit quadratischen Deckplatten vorgelagert.

Fassade des Palastes von Sayil
Blick entlang des zweiten und dritten Geschosses des südöstlichen Palastflügels. Der Fries über den Eingängen zu den Räumen des *piano nobile* zeigt Reliefdarstellungen zwischen den balusterähnlichen Rundpfeilern: den »herabsteigenden Gott«, beiderseits flankiert von Schlangenungeheuern.

Castillo von Labná
Der Tempel, bekrönt von einer hohen durchbrochenen *cresteria*, steht auf einer stark zerstörten Pyramide, deren Stufen vermutlich Kammern enthielten. Von den Skulpturen, die den Bau früher schmückten, sind nur die Auflager erhalten.

und Federn an den Armen, auch an den Tempeln von Tulum an der Ostküste der Halbinsel Yucatán aus der Höhe herabkommen oder in die Meerestiefe tauchen sieht, scheint das untergehende Tagesgestirn, den Sonnenuntergang zu verkörpern. Tatsächlich schmückt diese Gottheit eine Fassade, die vom Licht der untergehenden Abendsonne beschienen wird.

Die zwischen den Pfeilerstellungen eingebundenen balusterähnlichen Rundpfeiler, ebenso wie diejenigen, die zwischen den Reliefdarstellungen des Frieses stehen, und auch die kleinen Zylinder zwischen zwei vorspringenden Leisten, die unter- und oberhalb des Frieses die Gesimse bilden, erinnern auch hier an die Palisadenwände der Maya-Hütte; die Schmuckformen der Steinarchitektur der Maya sind reine Ableitungen der funktionalen Elemente der Hütte.

Bogen in Labná

Die ebenfalls in der Puuc-Region gelegene Stadt Labná muß einst sehr ausgedehnt gewesen sein. Man hat dort eine Pyramide, auch Castillo genannt, mit einem Tempel, der von einer hohen *cresteria* überragt wird, etliche mehrgeschossige Paläste, die, wie der Palast in Sayil, Kammern mit Säulengängen enthielten und *chultun* genannte, unterirdische, große gemauerte Zisternen freigelegt.

Der bemerkenswerteste Bau ist eine Art großer Triumphbogen, der auf einer Mauer am Fuße des Castillo steht. Die Pfeilerwände des symmetrischen Torbaus sind an der Süd-Ost-Seite mit einem Fries von gegenläufigen Stufenmäandern geschmückt, während die Nord-West-Seite über den zwei Kammertüren zur Rechten und Linken des Torbogens je eine Darstellung einer strohgedeckten Hütte mit einem Hintergrund aus Gitterwerk zeigt.

Die innere Bogenrundung des Tores ist konkav. Im Gegensatz zu den aus zwei konvexen Bogensegmenten bestehenden Spitzbogen, die das Hauptgebäude des Palastes des Gouverneurs in Uxmal mit den Seitenflügeln verbinden, ähnelt der große Bogen von Labná Bögen des klassischen Altertums. Auch durch seine emblematische Stellung im Gefüge der Bauten von Labná erinnert er an römische Triumphbögen. Denn bei diesem Bogen handelt es sich nicht, wie etwa bei dem Tor, das durch die Mitte des Südbaus in dem Viereck der Nonnen von Uxmal führt, um einen Gebäudedurchgang. Offensichtlich diente der monumental gestaltete Bau

Palast von Labná
Die Fassade des Palastes von Labná zeigt gebundene balusterähnliche Rundpfeiler. Die gewölbten Kammern verteilen sich über mehrere Stockwerke.

Hauptfassade des Großen Bogens in Labná
Hier führen beiderseits des Bogens Türen in gewölbte Seitenkammern. Das Kreuzstabornament des Frieses, das dem Flechtwerk der Hüttenwände nachempfunden ist, wird durch die Darstellung von zwei Hüttenfassaden mit hohen Strohdächern aufgelockert.

Großer Bogen in Labná
Der Große Bogen verbindet zwei Palastgruppen miteinander. Seine Südfassade ist mit mächtigen Stufenmäandern geschmückt. Der innere, konkav geformte Bogen erinnert an römische Bögen.

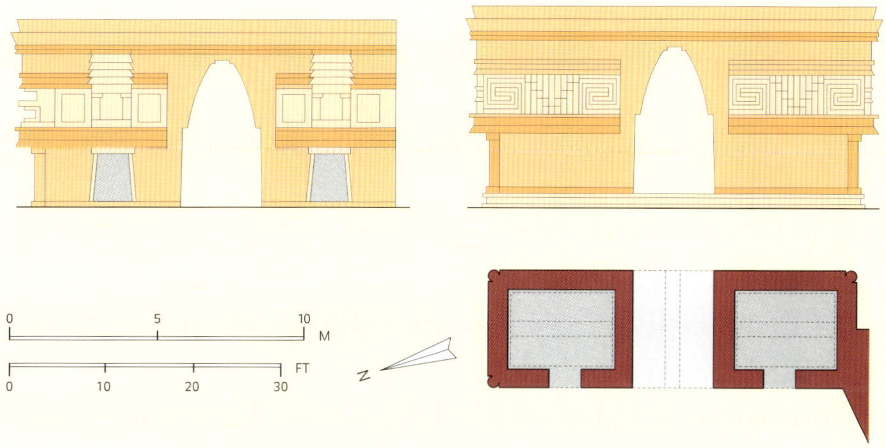

Grund- und Aufriß des Großen Bogens in Labná
Mit der unterschiedlichen Gestaltung von West- und Ostfassade ist der Große Bogen ein Meisterwerk der Maya-Architektur im Puuc-Stil.

Gebäude der Nonnen in Chichén Itzá
Das Gebäude auf der oberen Plattform der Pyramide, die die spanischen Eroberer Gebäude der Nonnen genannt haben, zeigt eine mit Kreuzstabornament und großen Mäandern geschmückte Fassade. Das Dach hat die in Palenque übliche Mansardenform.

Seite 170
Der Cenote der Opferungen in Chichén Itzá
Im Gebiet von Chichén Itzá im Nordosten Yucatáns gibt es in den Karstböden Absenkungen der Oberfläche, die große, offene Becken bilden und *cenotes* genannt werden. Eines dieser natürlichen Becken, mitten im Urwald gelegen, diente als Opferplatz. Die Priester brachten dort den Göttern Opfer, vor allem junge Männer und Frauen wurden in dem mit Wasser gefüllten Becken ertränkt.

keinem anderen Zweck als der Verherrlichung des von ihm überwölbten Weges und derjenigen, die diesen Weg einzuschlagen gedachten.

Chichén Itzá vor Ankunft der Tolteken

In Chichén Itzá sind zwei Phasen der Bautätigkeit zu erkennen. Während der ersten Phase, vor der mutmaßlichen Ankunft der Eroberer aus dem Hochland Mexikos, unter deren Herrschaft Chichén Itzá im 10. Jahrhundert n. Chr. zur Hauptstadt Yucatáns wurde, baute man dort in einem Stil, der in direktem Zusammenhang mit den Maya-Bauten der Puuc-Region steht. Die Bauten dieser Zeit – in Chichén Itzá wie in Uxmal, Kabáh, Labná und Sayil – sind mit balusterartigen Rundpfeilerfriesen, Chac-Masken und Kreuzstabgittern geschmückt. Die zweite Phase ist geprägt vom Einfluß der Tolteken, der die Architektur radikal verändern sollte.

Chichén Itzá, in der Mitte Nord-Yucatáns gelegen, verfügt über zwei der als *cenotes* bezeichneten natürlichen Brunnen. Diese »Wasserlöcher« entstehen an der Stelle, wo die Kalkplatte einbricht, durch die das Regenwasser dann in die Tiefe sickern kann. Für die Wasserversorgung scheint einer der beiden *cenotes*, der Cenote von Xtoloc, hinreichend gewesen zu sein. Der andere, der Cenote der Opferungen, galt als Eingang zur Unterwelt. Dort wurden bei Dürre und anderen Landplagen Menschen als Boten an die Götter gesandt: Sie wurden mit wertvollen Gegenständen in den *cenote* als Opfer für die Götter geworfen.

Das Gebäude der Nonnen und die Kirche

Das Gebäude der Nonnen und die sogenannte Kirche, beides von den spanischen Eroberern gewählte Namen, waren schon vor der Ankunft der Tolteken von den Maya im südlichen Teil des Stadtgebietes errichtet worden.

Das Gebäude der Nonnen ist ein großer, in mehreren Phasen errichteter Gebäudekomplex. Das Hauptgebäude besteht aus einem hohen rechteckigen Bau mit ab-

Anbauten des Gebäudes der Nonnen
Die an das Gebäude der Nonnen angrenzenden Bauten – links ein kleiner Anbau, rechts die sogenannte Kirche – sind mit üppigem Fassadenschmuck versehen, in dem man Elemente des Puuc- und des Chenes-Stils erkennt.

gerundeten Ecken und fast senkrechten Wänden. An der Nordseite führt eine breite Treppe auf das flache Dach. Auf der so gebildeten Plattform erhebt sich ein Palast, dessen nach Norden ausgerichtete Fassade von oben bis unten von vier gegenläufigen Stufenmäandern vor einer Reihe balusterartiger Rundpfeiler geschmückt ist. Die seitlichen Fassaden sind mit einem Mosaik von Kreuzstabgitterwerk dekoriert. Die Dachzone trägt keinen Fries, sondern weist wie die »Mansardendächer« von Palenque eine Neigung nach innen auf. Auf der durch eine weitere Treppenflucht zugänglichen Dachterrasse dieses Palastes stand noch ein Gebäude, von dem aber nur geringe Reste erhalten sind.

Der interessanteste Teil dieses Gebäudekomplexes ist ein Anbau an der Ostseite, dessen Stil sich von dem des Hauptbaus merklich unterscheidet. Hier erkennt man eine Kombination der klassischen Baukunst der Puuc-Region und der der Chenes-Region. Die in die Mittelachse gesetzte Tür ist als aufgerissener Schlangenrachen gestaltet – über der Tür ragen die Hakenzähne des Ungeheuers aus der Wand –, außerdem sind die Wandflächen und Ecken des Gebäudes mit einem Fries aus Chac-Masken verziert. Über der Tür ist eine Art Mandorla angebracht, die wahrscheinlich die heilige Ausstrahlung des Dargestellten symbolisiert: eine Gestalt mit untergeschlagenen Beinen und reichem Federkopfputz. Sie erinnert an die Darstellung am Palast des Gouverneurs in Uxmal, die das Bild eines vergöttlichten Herrschers erkennen läßt.

Die »Kirche« neben diesem Anbau, ein kleines Gebäude mit einer einzigen Kammer, gleicht einer viereckigen Wallfahrtskapelle. Die Fassadengestaltung ist von bemerkenswerter Klarheit. Der untere Wandbereich, in dem sich die einzige Eingangstür öffnet, ist schmucklos. Ursprünglich war vermutlich selbst die Steinverblendung der Mauern unter einer mit Kalkmilch geweißten Stuckschicht verdeckt. Der Fries besteht aus einer Mäanderleiste unterhalb großer Chac-Masken; eine davon befindet sich über der Tür, weitere an den Ecken des Gebäudes. Oberhalb des Kranzgesimses erhebt sich ein hoher ornamentaler Dachkamm. Dessen durchbrochene Dekoration wiederholt die Motive des Frieses – Mäander und Chac-Masken – und scheint damit deren Bedeutung zu betonen.

Die Oberflächenuntersuchung der dekorativen Elemente der »Kirche« hat ergeben, daß wie die Dekoration der Fassade des Anbaus auch der Fries und der Dachkamm der »Kirche« mit Stuck überzogen und bemalt waren. Man hat demnach in Chichén Itzá die Fassaden häufiger mit Stuck überzogen, als das in Uxmal und an-

Seite 173
»Kirche« neben dem Gebäude der Nonnen
Detail der reich geschmückten Fassade der »Kirche« neben dem Gebäude der Nonnen in Chichén Itzá. Auch hier sind neben anderen symbolischen Schmuckformen die Masken des Regengottes Chac zu erkennen.

Fassadendetail am Anbau des Gebäudes der Nonnen
Über der Tür des Anbaus erblickt man in der Mitte eines Strahlenkranzes, der an die Mandorla der mittelalterlichen Kunst erinnert, das Bild eines mit reichem Quetzalfederschmuck bekrönten thronenden Herrschers. Die Vergöttlichung der Maya-Herrscher wird hier deutlich zum Ausdruck gebracht.

Vortoltekische Fassade
Nirgends erscheint die Architektur der klassischen Maya so »barock« wie an einigen vortoltekischen Bauten in Chichén Itzá. Die Fassade des Anbaus des Gebäudes der Nonnen zeigt die für die Puuc-Region charakteristischen Masken des Regengottes, während die mit langen Zähnen besetzte Türeinfassung typisch für den Chenes-Stil ist.

»Kirche« und Caracol in Chichén Itzá
Im Gegensatz zu der üppig geschmückten »Kirche« (hier die rückwärtige Fassade) beeindruckt der runde Turm, das sogenannte Caracol, durch die Klarheit seiner Bauform. Er diente den Maya vermutlich als astronomisches Observatorium.

deren Orten der Puuc-Region üblich war. Möglicherweise wollten die Architekten von Chichén Itzá auf diese Weise die schwarzen Streifen verblenden, die den dort verwendeten Stein kennzeichnen.

Das Caracol

Unweit vom Gebäude der Nonnen erhebt sich ein Bauwerk, das durch seine im Maya-Kulturraum ungewöhnliche zylindrische Form überrascht. Die in diesem Turm befindliche »Wendeltreppe« hat ihm den Namen »Caracol« gegeben, was im Spanischen »Schnecke« heißt und metaphorisch auf die Treppe hindeutet. Den Maya scheint dieser Bau vermutlich als astronomisches Observatorium gedient zu haben.

Der runde Turm besteht aus zwei aufeinander gesetzten Plattformen; die untere mißt 75 x 57 m und die obere 26 x 30 m. Zwei Treppenfluchten führen zum Turm hinauf. Dieser steht auf einer Basis von 18 m Durchmesser, der Baukörper hat jedoch einen Durchmesser von 14 m bei einer Höhe von 11 m. Über einem mächtigen Bindegesims sind Reste eines Frieses erhalten, von dem Chac-Masken in die vier Himmelsrichtungen blicken. Auf dem Dach erhebt sich die Ruine eines kleineren Turmes, der das Obergeschoß des gesamten Bauwerkes bildet, das eine Gesamthöhe von 28 m hat.

Die nach den vier Himmelsrichtungen ausgerichteten Türen im Untergeschoß führen auf einen überwölbten, ringförmig der Außenwand folgenden Korridor. Weitere vier Türen, die sich zur Terrasse öffnen und versetzt angeordnet sind, führen durch die Innenwand dieses Korridors in einen dahinter liegenden, parallel verlaufenden und ebenfalls überwölbten Rundgang. Dieser umrundet einen Kern

Auf- und Grundriß des Caracol in Chichén Itzá
Der Turm steht auf schräg gegeneinander versetzten Terrassen. Die vier Türen im Untergeschoß führen auf einen ringförmig der Außenwand folgenden Korridor. Die Kammer im oberen Teil des Turms verfügt über Visierscharten, die den Astronomen von Chichén Itzá zur Sternbeobachtung dienten.

Gesamtansicht des Caracol
Von der Höhe dieses Turms beobachteten die Priester der Maya die Gestirne. Ihre Beobachtungen gestatteten ihnen die Erstellung eines sehr genauen astronomischen Kalenders, von dem wir durch den »Codex Dresdensis« Kenntnis haben (siehe S. 15).

Umlaufender Korridor des Caracol
Zwei mit Kraggewölbe gedeckte Korridore mit gegeneinander versetzten Türen umkreisen konzentrisch den massiven Kern des Turms, in dem eine Wendeltreppe zur Beobachtungskammer hinaufführt.

massiven Mauerwerkes, durch den eben jene enge Wendeltreppe geführt ist, die dem Caracol seinen Namen gegeben hat.

Über diese Wendeltreppe gelangten die Maya in die Kammer des kleinen, obersten Turmes, in dessen Wänden die Archäologen Visierscharten ausfindig machen konnten, die den Astronomen von Chichén Itzá für die Sternbeobachtungen dienten. Obwohl ein Teil der Visierkammer eingestürzt ist, ermöglichte die Existenz der drei erhaltenen Scharten, die einstige Funktion dieses Observatoriums zu beweisen. Es gilt als eine der bedeutendsten Schöpfungen der Maya-Kultur. Man visierte etwa von der inneren linken Ecke einer der Scharten über deren äußere rechte Ecke den Horizont an und war so in der Lage, den Schnittpunkt sehr zuverlässig bestimmen zu können.

Die von den Archäologen unter der Leitung von Sylvanus Morley durchgeführten Beobachtungen ergaben, daß die Visierlinie durch die erste der drei erhaltenen Scharten den Horizont genau im Süden schnitt, die Linie durch die zweite den Punkt, an dem am 21. März der Mond untergeht, und die durch die dritte Scharte genau die Stelle des Sonnenuntergangs zu den Tagundnachtgleichen, also am 21. März und 21. September. Die Visierung von der linken inneren über die äußere rechte Kante derselben Scharte traf den Punkt des Sonnenuntergangs zur Sommersonnenwende am 21. Juni. Diese Richtungen dienten den Astronomen gewissermaßen als Achsen des Systems, in das sie ihre Beobachtungen eintrugen.

Mittels dieses gleichermaßen einfachen wie zweckmäßigen Gebäudes haben

Schnitt durch das Caracol und Grundriß der Beobachtungskammer
1. Südrichtung
2. Monduntergang am 21. März
3. Sonnenuntergang an den Tagundnachtgleichen
4. Sonnenuntergang zur Sommersonnenwende

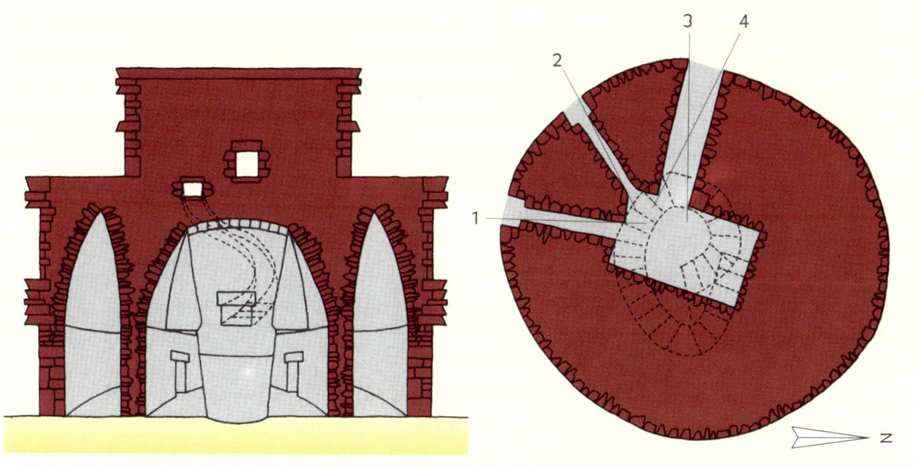

Detailansicht des Caracol
Über der Tür und dem um den zylindrischen Turm herumlaufenden schweren Gesims ist eine Maske des Regengottes Chac angebracht. Darüber befand sich ursprünglich ein zweites Gesims. Das erhaltene Wandstück der Beobachtungskammer zeigt eine der Visierscharten.

Himmelsbeobachtung und Sterndeutung

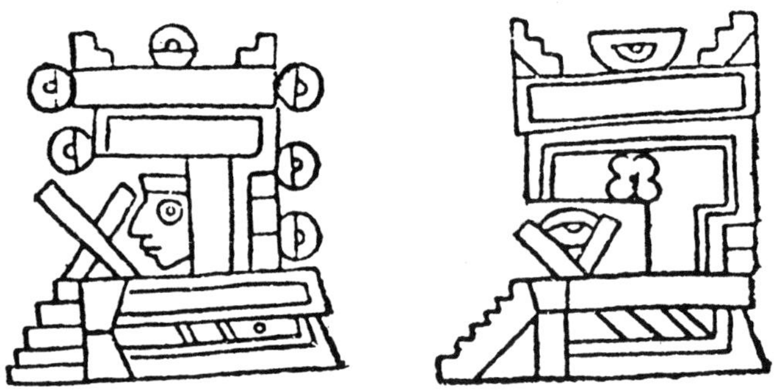

Instrumente zur Beobachtung des Himmels
Als Beobachtungsinstrumente standen den Astronomen der Maya nur Kreuzstäbe zur Verfügung, wie man sie in den Codizes findet. Dennoch waren sie damit in der Lage, Beobachtungsergebnisse von erstaunlicher Exaktheit zu erzielen.

Die Maya haben den Lauf der Gestirne beobachtet, um vor allem ihren höchst komplexen Kalender einrichten und ihre zukünftigen Geschicke vorhersagen zu können. Mit dem Ziel einer exakten Zeitrechnung haben sie eine Astronomie geschaffen, die die Himmelserscheinungen mit außerordentlicher Genauigkeit verzeichnet.

Wie die Astronomen der alten Hochkulturen in der Alten Welt gingen auch die Maya von einer Bewegung der Gestirne aus, wobei die Erde unbeweglich im Mittelpunkt des Universums steht.

Das Hauptanliegen der Astronomen in Chichén Itzá war die möglichst genaue Feststellung der Dauer gewisser Gestirnumläufe. Zu diesem Zweck achtete man auf die Gleichzeitigkeit himmlischer Ereignisse, die sich regelmäßig wiederholten (Aufgang des Planeten Venus im Verhältnis zum Mondumlauf, zum Sonnenjahr und so weiter). Unser Wissen um diese Kenntnisse der Maya verdanken wir im wesentlichen einer der wenigen erhaltenen Handschriften, dem nach seinem Aufbewahrungsort benannten »Codex Dresdensis« und den Inschriften in Copán.

In Hinsicht auf das Sonnenjahr wußten die Maya, daß der Annäherungswert der 365 Kalendertage korrekturbedürftig war und Schalttage dieser Korrektur Rechnung tragen mußten. Die Maya schätzten die tatsächliche Dauer des Sonnenjahrs auf 365,2420 Tage. Moderne Astronomen haben eine Dauer von 365,2422 Tagen berechnet. Die Maya sind dem tatsächlichen Wert sehr nahe gekommen.

Für die Mondumläufe finden sich zwei Berechnungen. Bei der einen wurden 405 Mondumläufe auf 46 heilige Jahre zu je 260 Tagen zugrunde gelegt, was einer Dauer von 11 960 Tagen entspricht. Modernen Berechnungen zufolge ist diese Dauer nur wenig kürzer, nämlich 11 959,888 Tage. Die Maya irrten also um 23 Sekunden pro Monat. Die andere Berechnung setzt 149 Mondumläufe mit 4400 Tagen gleich, während die moderne Astronomie eine Dauer von 4400,0574 Tagen mißt, was einer Monatsdauer von 29,530587 Tagen entspricht, während die Maya auf 29,53020 Tage pro Lunation kamen. Die Astrologen Copáns irrten sich im Jahre 682 n. Chr. also um 33 Sekunden und 43 $^{1}/_{100}$ Sekunden im Monat.

Das Venusjahr, den scheinbaren Zyklus des Planeten Venus, schätzten die Maya auf 584 Tage, während dessen Dauer von der modernen Astronomie mit 583,92 Tage bestimmt worden ist. Auch hier ist der Irrtum der Maya nur sehr gering.

Was die Maya bei ihrer Beobachtung des scheinbaren Umlaufs der Venus aber vor allem interessierte, war einerseits der Zusammenhang zwischen 65 scheinbaren Umläufen der Venus und den 104 Sonnenjahren (was zwei Kalenderfolgen von je 52 Jahren entsprach) sowie andererseits den 146 heiligen Jahren zu je 260 Tagen.

Es ist nahezu unglaublich, wie die Maya, die weder Chronometer besaßen, noch über Winkelmeßgeräte und Fernrohre verfügten, zu diesen erstaunlich genauen Ergebnissen gelangten. Die Erklärung ist wohl zum einen in der beständigen Fortsetzung ihrer Beobachtungen über lange Zeitspannen zu suchen – so beruht die Berechnung des Venusjahres auf Beobachtungen, die sich über 384 Jahre erstreckten –, zum anderen in der Abstraktion arithmetischer Mittelwerte von der Fülle der Meßwerte, wodurch die Irrtümer einzelner Beobachtungen auf ein Minimum reduziert wurden.

die Astronomen Ergebnisse von erstaunlicher Genauigkeit erzielt, obwohl die Maya in anderer Hinsicht kaum über die Errungenschaften der Neusteinzeit hinausgelangt waren. Wie man sieht, ist die Genauigkeit der astronomischen Beobachtungen nicht unmittelbar vom Stand der Technik abhängig. Die Maya scheinen imstande gewesen zu sein, ihren Mangel an technischer Ausrüstung mit Hilfe von Raum, Zeit, einer hohen Anzahl von Handwerkern und der unermüdlichen Wiederholung von Beobachtungen und Experimenten wettzumachen.

Terrakottafigur eines hohen Würdenträgers
Dieser mit den Insignien seiner Würde ausgestattete thronende Fürst aus polychromer Terrakotta wurde auf der Insel Jaina ausgegraben und ist nur 22 cm hoch. (Mexiko-Stadt, Museo Nacional de Antropología)

Terrakottafigur eines Kriegers mit Schild
Die Terrakottastatuette stellt einen mit Überwurfkragen und langem Mantel bekleideten Mann dar, der um den Hals eine Kette aus dicken Perlen mit sternförmigem Anhänger trägt. Mit seiner linken Hand stützt er sich auf einen Schild, und in der Rechten hielt er vermutlich einen Speer. Die als Grabbeigaben auf der Insel Jaina gefundenen Statuetten sind in die spätklassische beziehungsweise postklassische Zeit zu datieren.

Mexikanischer Einfluss in Yucatán

Chichén Itzá – Hauptstadt der Maya-Tolteken

Seite 183
Mosaikscheibe mit Federschlangenmotiv
Diese Mosaikscheibe wurde in Chichén Itzá auf dem Rücken einer roten Jaguarstatue in einer Pyramide aus dem 11. Jahrhundert gefunden, die später mit der Pyramide des Kukulkán überbaut worden ist. Das Mosaik aus Türkis und Koralle zeigt Schlangenmotive. Im Mittelfeld befand sich ursprünglich ein Spiegel aus Pyrit, der in einem Sonnenfeuerritual Verwendung fand. (Mexiko-Stadt, Museo Nacional de Antropología)

Bei den Bauten in Tikal wurde während eines bestimmten Zeitraumes der Vorbildcharakter der Pyramiden von Teotihuacán im zentralmexikanischen Hochland maßgeblich, da ein spezielles Architekturmotiv von Teotihuacán, der sogenannte *talud-tablero*, um diese Zeit in Tikal verwendet wurde. Man kann dies als Indiz für einen Vorgang betrachten, über den man auch durch andere Zeugnisse unterrichtet ist: die Auswanderung ehemaliger Bewohner von Teotihuacán auf dem Hochland in das tiefer gelegene Petén. Dies geschah vermutlich zeitgleich mit dem Krieg, den Tikal gegen Uaxactún im Jahre 375 n. Chr. führte.

Die Auswanderung der Bewohner Teotihuacáns war eine Folge großer Umwälzungen, die vermutlich unter anderem auf den Einfall barbarischer Völker aus dem Norden Mexikos zurückzuführen sind. Die Bewohner Teotihuacáns flohen und gelangten schließlich zu den Maya. Dieser kulturelle Einfluß und die Vermischung religiöser Traditionen zeigen sich nicht nur in Bauformen und Kunstgegenständen sondern auch darin, daß die Maya deren Götter annahmen, so Tlaloc, den Regengott von Teotihuacán.

Eine vergleichbare Völkerwanderung scheint am Ende des 10. Jahrhunderts n. Chr. Flüchtlinge aus Tula, der Hauptstadt der Tolteken, nach Yucatán geführt zu haben. Die Tolteken ließen sich in Chichén Itzá nieder, ernannten die Stadt zu ihrer Hauptstadt und schufen eine neue Stadtanlage. Es scheint, daß die barbarischen Chichimeken Tula schon im 10. Jahrhundert zum ersten Mal verwüstet haben: in toltekischen Quellen wird von schweren Umwälzungen berichtet; kurz vor 987 – in einigen Quellen ist ein noch früherer Zeitpunkt genannt – sei ein Teil der Bewohner von Tula unter der Führung des Fürsten Ce Ácatl Topiltzin, der den Namen des Gottes Gefiederte Schlange führte, *quetzalcoatl*, später dann *kukulkán* genannt, vertrieben worden. Nachdem sie Veracruz und Tabasco durchquert hatten, erreichten sie das Maya-Territorium in Chiapas, wo die klassischen Städte bereits verlassen worden waren, und ließen sich in Chichén Itzá im Norden der Halbinsel Yucatán nieder. Ob Legende, Mythos oder idealisierte Geschichtsschreibung, vermutlich hatte der Kampf zwischen Ce Acatl Tolpitzin und seinem Bruder Tezcatlipoca schwerwiegende Veränderungen bewirkt, die Teile der Bevölkerung zur Flucht und Auswanderung nach Chichén Itzá zwangen. Chichén Itzá erfuhr von da an einen außergewöhnlichen Aufschwung.

Atlant aus dem Tempel der Krieger von Chichén Itzá
Eine Reihe solcher Atlanten tragen den Opferaltar in der Cella des Tempels der Krieger in Chichén Itzá. Sie datieren Ende des 11./Anfang des 12. Jahrhunderts n. Chr. Die 88 cm hohe Skulptur zeigt charakteristische maya-toltekische Züge. (Mexiko-Stadt, Museo Nacional de Antropología)

Toltekische Einflüsse

Die Neubauten in Chichén Itzá zeigen den toltekischen Einfluß, der die traditionelle Baukunst der Maya wesentlich veränderte, in unterschiedlichem Maß. Man hat lange geglaubt, daß erst die Tolteken die kriegerische Kultur und die Menschenopfer eingeführt hätten. Diesbezüglich ist man durch die Entzifferung der Inschriften an den Monumenten der klassischen Epoche der Maya jetzt besser informiert: Auch in den Kriegen zwischen den Städten der klassischen Epoche wurden lange vor Ankunft der Tolteken in Yucatán Gefangene gemacht, um sie den Göttern opfern zu können. Dennoch ist wahrscheinlich, daß der Einfluß der in noch höherem Maße

kriegerischen Einwanderer und Eroberer aus dem mexikanischen Hochland diese Tendenzen erheblich verstärkte.

Die Kriegerorden der Adler und Jaguare sowie der der Kojoten waren tonangebend in der toltekischen Gesellschaft, wovon nicht zuletzt die Basreliefs zeugen, mit denen die maya-toltekischen Bauten in Chichén Itzá geschmückt sind: Schädel der den Göttern geopferten Gefangenen, Adler und Jaguare, die Menschenherzen verschlingen, gerüstete Krieger, die die abgeschlagenen Köpfe ihrer Gegner zur Schau stellen. Das Motiv des Todes ist allgegenwärtig.

Der toltekische Einfluß ist aber nicht auf die Ikonographie des Skulpturenschmucks und der Wandmalerei beschränkt. Es gibt in Chichén Itzá auch Bauten, deren Typus vor der Ankunft der Tolteken unbekannt war. So die Tempel, die den feierlichen Versammlungen der Kriegerorden dienten. Die in den Orden der Adler und der Jaguare vereinten Krieger benötigten geräumige Hallen für ihre Versammlungen. Die Heiligtümer waren nun nicht länger Orte, zu denen nur die Priester und Herrscher Zutritt hatten. Die Kollektive der toltekischen Kriegerorden, die jetzt die Macht innehatten, repräsentierten diese auch gegenüber den Göttern.

Andere Gebäudetypen hingegen, die wie die Pyramide und der Ballspielplatz in der Kultur der Maya ebenso wie in der toltekischen Kultur und in anderen präkolumbischen Kulturen Mesoamerikas seit langer Zeit ihren Platz hatten, verändern sich nach Ankunft der Tolteken in Chichén Itzá nur wenig. Insbesondere wurde die von den Maya entwickelte Technik des Kraggewölbes auch bei den Neubauten in Chichén Itzá angewandt, manchmal in Verbindung mit neuen Formen, wie bei der Gruppe der Tausend Säulen beim Tempel der Krieger.

Die Architektur der maya-toltekischen Renaissance in Yucatán ist mithin eine Baukunst, in der sich Techniken und Formen zweier verschiedener Kulturgebiete durchdringen. Dieser Mischstil ist jedoch keineswegs ausdruckslos, ganz im Gegenteil. In der Kunst der letzten Blütezeit Chichén Itzás verbinden sich die Neuerungen der Tolteken und Maya in Schöpfungen, die sowohl in technischer als auch in ästhetischer Hinsicht höchste Bewunderung verdienen und damit etwas Neues und Einzigartiges sind.

Hauptplatz von Chichén Itzá
Während der maya-toltekischen Epoche wurden in Chichén Itzá Bauten errichtet, die den Einfluß der Kunst des mexikanischen Hochlandes widerspiegeln. Die Stadt entwickelte sich zu einer der bedeutenden Stätten des präkolumbischen Mesoamerika. Im Hintergrund der Tempel der Krieger, rechts die Pyramide des Kukulkán.

Maya-toltekische Bauten

In der Mitte des neuen Chichén Itzá erhebt sich das von den Spaniern als *castillo*, Burg, bezeichnete Heiligtum, auch Große Pyramide des Kukulkán genannt. Auf einer quadratischen Grundfläche von je 55 m Länge erhebt sich in neun Terrassen diese allseitig symmetrische Pyramide zu einer Höhe von 30 m. Das Gebäude bedeckt eine Fläche von mehr als 3 000 m^2. An allen vier Seiten führt eine axiale Treppe mit Treppenwangen zur oberen Plattform hinauf. Die unteren Enden der Treppenwangen an der Nordseite sind als riesige aufgerissene Federschlangenmäuler gebildet. Jede der Treppen hat 91 Stufen; insgesamt existieren also 364 Stufen. Hinzu kommt noch eine Schwelle am Eingang des Tempels, die die Zahl der Tage des

Stadtplan von Chichén Itzá
Das Zeremonialzentrum Chichén Itzá umfaßt eine Vielzahl von beeindruckenden Bauten:

1. Cenote der Opferungen
2. Ballspielpatz
3. Tzompantli
4. Plattform der Venus
5. Pyramide des Kukulkán (Castillo)
6. Tempel der Krieger
7. Gruppe der Tausend Säulen
8. Markt
9. Grab des Großen Priesters
10. Cenote von Xtoloc
11. Caracol (Observatorium)
12. Gebäude der Nonnen

Grund- und Aufriß sowie Schnitt durch die Pyramide des Kukulkán
Die Pyramide des Kukulkán von Chichén Itzá ist eine Pyramide mit Hochtempel, zu dem an allen vier Seiten große Treppen hinaufführen. Der Schnitt zeigt deutlich den Umriß der später überbauten ersten Pyramide (10.–11. Jahrhundert n. Chr.).

Sonnenjahres (365) vervollständigt. Die neun geböschten Terrassen der Pyramide sind mit Mäandermotiven geschmückt, die wahrscheinlich die Windungen der aufgerollten Federschlange symbolisieren.

Der Tempel, aus der Mitte der oberen Plattform geringfügig zu deren Südseite versetzt, vermutlich, um vor dem Eingang an der Nordseite mehr Platz für Kulthandlungen zu haben, ist durch ein von zwei Rundpfeilern geteiltes Portal zugänglich. Die Stützen stellen die Körper von Schlangen dar, deren aufgerissene Mäuler die Basis bilden. Die mit den Hornrasseln der Klapperschlange bewehrten Schwänze krümmen sich vor dem über dem Eingang verlaufenden Fries – ein Muster, das wahrscheinlich der Darstellung *quetzalcoatls*, der Gefiederten Schlange diente und von den Tolteken aus Tula mitgebracht worden war. Hinter dem Eingang liegt parallel zu diesem eine gewölbte Vorhalle, von der man den quadratischen inneren Tempel betritt. Die Decke wird durch zwei Mittelpfeiler gestützt, auf denen Oberschwellen aus Zapoteholz liegen. Es handelt sich hierbei um eine bedeutende Neuerung der Deckenkonstruktion, der man auch bei anderen Bauten aus toltekischer Zeit in Chichén Itzá begegnet. Um die drei anderen Seiten der Cella zieht sich ein Korridor mit Türen, die sich zur Ost-, Süd- und Westtreppe öffnen. Der Korridor selbst hat zur Cella jedoch keinen unmittelbaren Zugang.

Bei der Restaurierung der Pyramide des Kukulkán haben die Archäologen im Inneren eine ältere Pyramide entdeckt, die unter dem sie bedeckenden Mauerwerk vollkommen erhalten ist. Auch dieser Bau erhob sich über einer quadratischen Grundfläche. Eine Treppe an der Nordseite führte zu dem Tempel, dessen Inneres über zwei hintereinander liegende gewölbte Kammern verfügt.

Bei seiner Entdeckung fand man in diesem überbauten Tempel noch Spuren der letzten Rituale, die dort vollzogen worden waren. Am Eingang stand ein Opfertisch

Pyramide des Kukulkán in Chichén Itzá
Zwischen den quadratischen Pfeilern des Tempels der Krieger blickt man auf die Pyramide des Kukulkán. Nord- und Westseite sind vollkommen rekonstruiert worden, die Ostfassade hat man nur von der sie überwuchernden Vegetation befreit und sich dann darauf beschränkt, den vorgefundenen Zustand zu sichern.

in Menschengestalt: die Skulptur eines mit angewinkelten Beinen, auf dem Rücken liegenden und auf seine Ellbogen gestützten Mannes. Eine flache Schale auf seinem Bauch war vermutlich zur Aufnahme der Opfergaben bestimmt: die den Gefangenen aus der Brust gerissenen Herzen oder die abgeschlagenen Köpfe der Ballspieler. Statuen dieses Typs werden als »Chac-Mool« bezeichnet, weil die erste in Chichén Itzá entdeckte derartige Figur für das Denkmal eines Königs mit diesem Namen gehalten wurde.

In der hinteren Tempelkammer der überbauten Pyramide fanden die Ausgräber eine weitere Skulptur: einen Thron aus Stein in Gestalt eines Jaguars, den Thron des Roten Jaguars. Der Stein ist rot bemalt und mit Scheiben grüner Jade inkrustiert, die die Flecken des Fells der großen Raubkatze darstellen sollten. Wie die Figuren vom Chac-Mool-Typus wendet auch die Jaguargestalt den Kopf zur Seite, so daß der Eintretende ihr geradewegs in das Maul und in die stark vorquellenden grünen Augen blickt. Gewiß mahnte diese Skulptur, respektvollen Abstand zu dem Herrscher Chichén Itzás zu wahren, der vermutlich auf diesem Thron Platz nahm, während er den Zeremonien im Tempel beiwohnte.

Diese im Inneren der Pyramide des Kukulkán gefundene ältere maya-toltekische Pyramide scheint gegen Ende des 10. oder zu Beginn des 11. Jahrhunderts erbaut worden zu sein. Die Pyramide des Kukulkán selbst stammt jedoch frühestens aus der zweiten Hälfte des 11. und spätestens aus der Mitte des 12. Jahrhunderts, denn um 1200 scheint die Stadt verlassen worden zu sein.

Das kürzlich restaurierte sogenannte Grab des Großen Priesters mutet wie eine Wiederholung der Pyramide des Kukulkán in kleinerem Maßstab an. Hier sind jedoch die Wangen aller vier Treppen als Federschlangen mit aufgerissenen Mäulern gestaltet.

Thron des Roten Jaguars in Chichén Itzá
Dieser in der Cella unter der Pyramide des Kukulkán entdeckte Thron des Roten Jaguars ist mit Jademotiven geschmückt. Die Augen sind aus Pyrit, die Zähne aus Knochen.

Hochtempel der Pyramide des Kukulkán in Chichén Itzá
Die geräumige Cella des Hochtempels ist dreischiffig. Die Gewölbe werden von viereckigen Pfeilern getragen. Innenräume von dieser Größe sind eine der großen Errungenschaften in der maya-toltekischen Architektur.

Treppenschmuck an der Pyramide des Kukulkán
Skulpturen der gefiederten Schlange mit aufgerissenem Rachen schmücken die Treppenwangen am Fuß der großen Treppen der Pyramide des Kukulkán.

Grab des Großen Priesters
Auch die vier axialen Treppen dieses Bauwerkes sind beiderseits von »hinabgleitenden« gefiederten Schlangen eingefaßt.

Plattform der Adler und Jaguare
Die mit Reliefs von Adlern und Jaguaren geschmückten Wände der Plattform scheint den toltekischen Kriegerorden der Adler und Jaguare als Opferaltar gedient zu haben.

Reliefdetail an der Plattform der Adler und Jaguare in Chichén Itzá
Dieser Ausschnitt zeigt einen Raubvogel, der ein menschliches Herz in seinen Klauen hält. Priester schnitten bei diesem Ritual das Herz mit einer scharfen Klinge aus Obsidian aus dem Leib des Opfers.

Ebenfalls nach dem Schema der zweifachen axialen Symmetrie aufgebaut sind die sogenannte Plattform der Adler und Jaguare, deren Seiten mit einem Fries von Menschenherzen verschlingenden Adlern und Jaguaren geschmückt ist, und die dem Planeten Venus geweihte Plattform. Die Reliefs, die die Seiten dieser Plattform schmücken, beziehen sich auf den Kult des Planeten Venus, des Morgensterns.

Nicht weit von der Plattform der Adler und Jaguare und parallel zum Ballspielplatz erhebt sich ein weiteres Gebäude, *tzompantli*, »Schädelmauer« genannt. Es besteht aus einer quadratischen Plattform, an die sich jedoch eine niedrige Terrasse von erheblicher Länge anschließt, deren gesamte Wand mit einem Relieffries geschmückt ist, der auf Stangen gespießte Menschenschädel zeigt.

Der Tempel der Krieger

Der als Tempel der Krieger bezeichnete Gebäudekomplex ist das bedeutendste Ensemble in Chichén Itzá. An diesem Komplex läßt sich der toltekische Charakter vielleicht am besten verdeutlichen. Der Plan der Anlage steht in direkter Verbindung mit dem Tempel des Morgensterns in Tula, wo Tlahuizcalpantecuhtli, der Herr der Morgenröte, verehrt wurde, den man auch mit *quetzalcoatl*, der Gefiederten Schlange, identifizierte.

Detail der Plattform der Venus
Am oberen Treppenende der Plattform der Venus sind paarweise Schlangenköpfe mit dem aufgerissenen Rachen der Gefiederten Schlange angebracht.

Plattform der Venus
Die beiden Aspekte des Planeten Venus – Morgen- und Abendstern – wurden von den Maya mit Ritualen und Opferungen gefeiert. Ein Ort für solche Rituale scheint diese Plattform, die man über 14 Stufen erreicht, gewesen zu sein.

Tzompantli in Chichén Itzá
Dieses Bauwerk ist mit Hunderten von Schädeln geschmückt – Symbolen für die Schädel von geköpften Kriegsgefangenen oder Verlierern des Ballspiels, die als Opfer für die Götter dienten.

Friesdetail des Tzompantli
Der Fries drückt deutlich die Bestimmung des Bauwerkes in der Nähe des Ballspielplatzes aus.

Der Tempel der Krieger besteht aus einer verhältnismäßig niedrigen Pyramide, auf deren Plattform man über eine breite Treppe gelangt. Vor dem Portal der Cella steht eine große Chac-Mool-Statue. Am Portal befinden sich zwei Schlangenstützen mit aufgerissenen Mäulern, auf deren nach vorn gekrümmten Schwanzenden der Türsturz liegt.

Die Pyramide erhebt sich in vier nach dem *talud-tablero*-Muster gebildeten Terrassenstufen. Die Tafeln über den Böschungen sind mit Symbolen des Adler- und Jaguar-Kriegerordens sowie mit Darstellungen von Kulthandlungen geschmückt. Zum Fuß der Treppe, die zur oberen Plattform führt, gelangt man durch eine dreijochige Pfeilerhalle, in die ein durch drei Pfeiler geteiltes Portal führt. Vom Dach dieser Halle ist nichts erhalten. Etwa 60 Pfeiler hat man jedoch wieder aufstellen können. Südöstlich schließt sich die Gruppe der Tausend Säulen an.

Sämtliche Bau- und Schmuckelemente weisen auf eine getreue Nachbildung des Tempels des Morgensterns in Tula hin. Auch dort steht vor der Cella eine Chac-Mool-Figur, im Portal befinden sich Schlangenstützen, deren geknickte Schwänze die Oberschwelle tragen, und auch dort sind die Absätze der Pyramiden mit Bildern von Adlern und Jaguaren geschmückt. Außerdem steht auch in Tula vor der Pyramide und der hinaufführenden Treppe eine Pfeilerhalle. Die Tolteken haben sich demnach bemüht, ein neues Tula auf yucatekischem Boden zu erbauen. Allerdings wohl nicht von einem Tag auf den anderen. Denn auch der Tempel der Krieger birgt in seinem Inneren wie die Pyramide des Kukulkán einen kleineren, älteren Bau. Dieser ist dem späteren in den meisten Zügen sehr ähnlich. Schon hier findet man ein Portal auf Steinpfeilern in Verbindung mit den charakteristischen Betongewölben

Tempel der Krieger in Chichén Itzá
Vor der zum Hochtempel auf der obersten Plattform der Pyramide führenden Treppe, die mit einer Chac-Mool-Statue geschmückt ist, stand eine Pfeilerhalle. Die vier Pfeilerreihen dieser Halle sind noch erhalten, nicht aber die Gewölbe.

Tempel der Krieger und Gruppe der Tausend Säulen
Das weitläufige Ensemble bezeugt die Monumentalität und Vollkommenheit, die die maya-toltekischen Baumeister von Chichén Itzá ihren Bauten während des 12. Jahrhunderts n. Chr. verleihen konnten. Der Tempel der Krieger und die Gruppe der Tausend Säulen ragen aus der flachen Landschaft von Yucatán empor. Links eine kleine Pyramide, die noch nicht freigelegt worden ist.

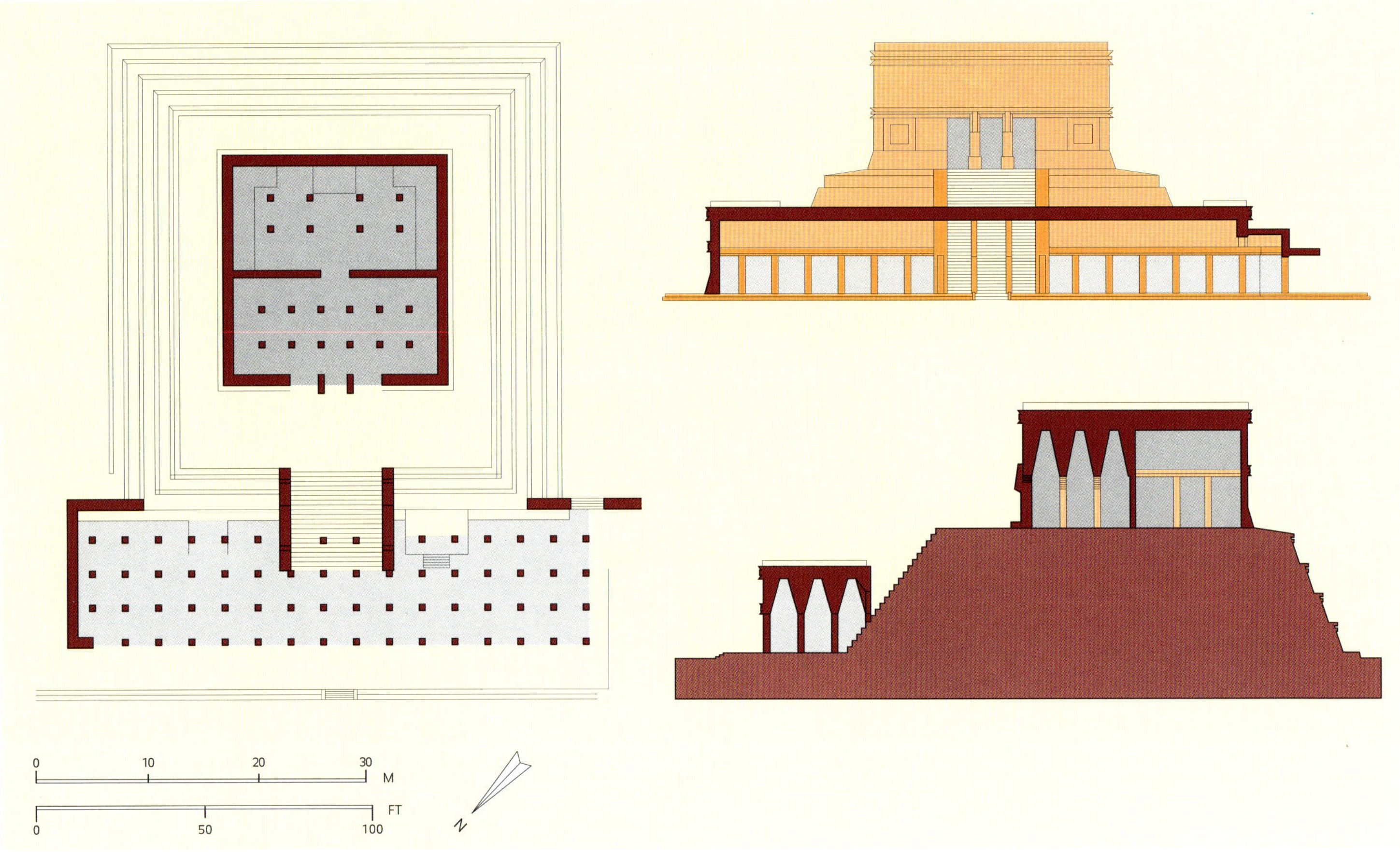

Grund- und Aufriß sowie Schnitt durch den Tempel der Krieger
Der dreischiffige Innenraum des Hochtempels ließ zu den dort zelebrierten Ritualen mehr Teilnehmer zu als die winzige Cella, die gewöhnlich die hohen Pyramiden von Tikal bekrönt.

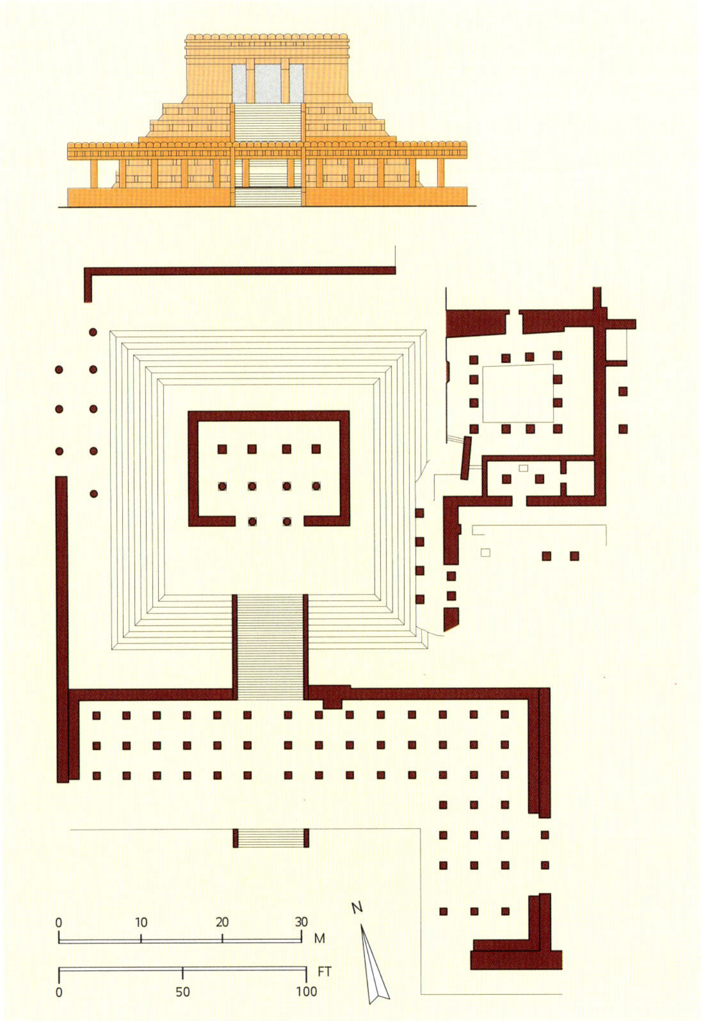

Auf- und Grundriß des Tempels des Morgensterns in Tula
Der Vergleich der Pläne des Tempels des Morgensterns in Tula im mexikanischen Hochland mit denen des Tempels der Krieger in Chichén Itzá auf der Halbinsel Yucatán belegt, daß der Tempel des Morgensterns den Baumeistern bei der Planung des neuen Tulas in Chichén Itzá als Vorbild diente.

Reliefdarstellung eines toltekischen Kriegers
Für die religiöse Haltung der Tolteken ist bezeichnend, daß nicht Götter oder Priester, sondern Krieger das Hauptthema ihrer Darstellungen waren.

Relieffriese am Tempel der Krieger
Ebenso wie den Tempel des Morgensterns in Tula schmücken den Tempel der Krieger in Chichén Itzá von breiten Rahmen eingefaßte Friese in *Talud-tablero*-Bauweise. Die Friesreliefs demonstrieren die Macht der Kriegerorden der Adler und Jaguare.

Reliefmotive am Tempel der Krieger
Auf den Reliefs in Chichén Itzá sind Jaguare dargestellt, die Menschenherzen in den Krallen halten. Ihnen zur Seite liegen maskierte Krieger in der Haltung des Chac Mool.

Chac Mool vor dem Tempel in Chichén Itzá
Auf der Plattform des Tempels der Krieger vor dem Eingang zur Cella befindet sich eine große Chac-Mool-Statue. Es handelt sich um einen Opfertisch in Menschengestalt. Die Schale, die der Liegende auf dem Bauch trägt, diente vermutlich zur Aufnahme von Opfern.

der Maya. Es scheint, als hätten sich die fremden Eroberer die bautechnischen Maya-Errungenschaften von Anfang an zu eigen gemacht. Der einzige Unterschied zwischen den beiden Bauten ist allerdings bedeutend. Während in den beiden Räumen – dem Vorraum und dem dahinter gelegenen Allerheiligsten – des älteren Tempels nur je eine Pfeilerreihe stand, finden sich in den entsprechenden Räumen des neueren je zwei Pfeilerreihen. Offensichtlich trauten sich die Baumeister inzwischen zu, auch größere Innenräume auf verhältnismäßig schlanken Stützen zu überdecken.

Die Deckung großer Innenräume ist in der Tat die auffälligste Errungenschaft der Spätzeit der präkolumbischen yucatekischen Baukunst, denn die toltekischen Kriegerorden bedurften großer Versammlungsräume. Die Pfeilerhalle vor dem Tempel der Krieger verfügt über eine Fläche von 600 m^2, während in Uxmal der größte Innenraum – der Hauptsaal im Palast des Gouverneurs – nur 80 m^2 hat. Überdies schlossen sich an die Pfeilerhalle vor dem Tempel der Krieger die weiten Hallen der Gruppe der Tausend Säulen an, so daß insgesamt eine Fläche von fast 3 000 m^2 überdeckt war. Das auf hölzernen Oberschwellen ruhende Betongewölbe wurde zwar nicht von 1 000 Säulen, jedoch mindestens von 200 Stützen getragen.

Die kühne Neuerung der Architekten von Chichén Itzá bestand in der Verbindung zahlreicher Stützen, dem Kennzeichen toltekischer Baukunst, mit den großen Steingewölben der einheimischen Maya-Architektur. Bei diesen maya-toltekischen Bauten ruhten die betonierten Kraggewölbe nicht mehr auf Mauern, sondern auf Reihen einzelner Stützen und hölzernen Querbalken über diesen. Diese architektonische Deckenlösung für große Räume war zwar elegant, bot aber weniger Sicherheit als die massive Bauweise des klassischen Maya-Zeitalters. Verfaulten oder verbrannten die hölzernen Oberschwellen, so stürzten die Gewölbe ein und rissen die Pfeiler mit zu Boden. In Chichén Itzá sind nur die Pfeiler erhalten, die von den Archäologen wieder aufgestellt wurden.

An der Südseite der Gruppe der Tausend Säulen steht ein 75 m langer Portikus, dessen gemauerte Rückwand nur eine Tür hat, durch die man in eine Art Atrium gelangt. In der Mitte eines Raumes von quadratischer Grundfläche markiert eine ebenfalls quadratisch angeordnete Kolonnade einen offenen Innenhof, eine Art Impluvium. Die von der Außenmauer und den sehr hohen Pfeilern getragenen Balkendächer des umlaufenden Korridors könnten mit Palmstroh gedeckt gewesen sein. Dieses als *mercado*, Markt, bezeichnete luftige Gebäude hat wie die etwas we-

Seite 201
Eingangsbereich des Tempels der Krieger
Die Rundpfeiler im Eingangsbereich des Tempels sind wie Schlangen geformt. Ihre Köpfe liegen am Boden, und die nach vorn gerichteten Rasseln an den Schwanzenden krümmen sich um den Türsturz über dem Eingang. Es gibt kaum ein Bauwerk in Chichén Itzá, an dem man nicht dem Bild Kukulkáns, der Gefiederten Schlange, begegnet.

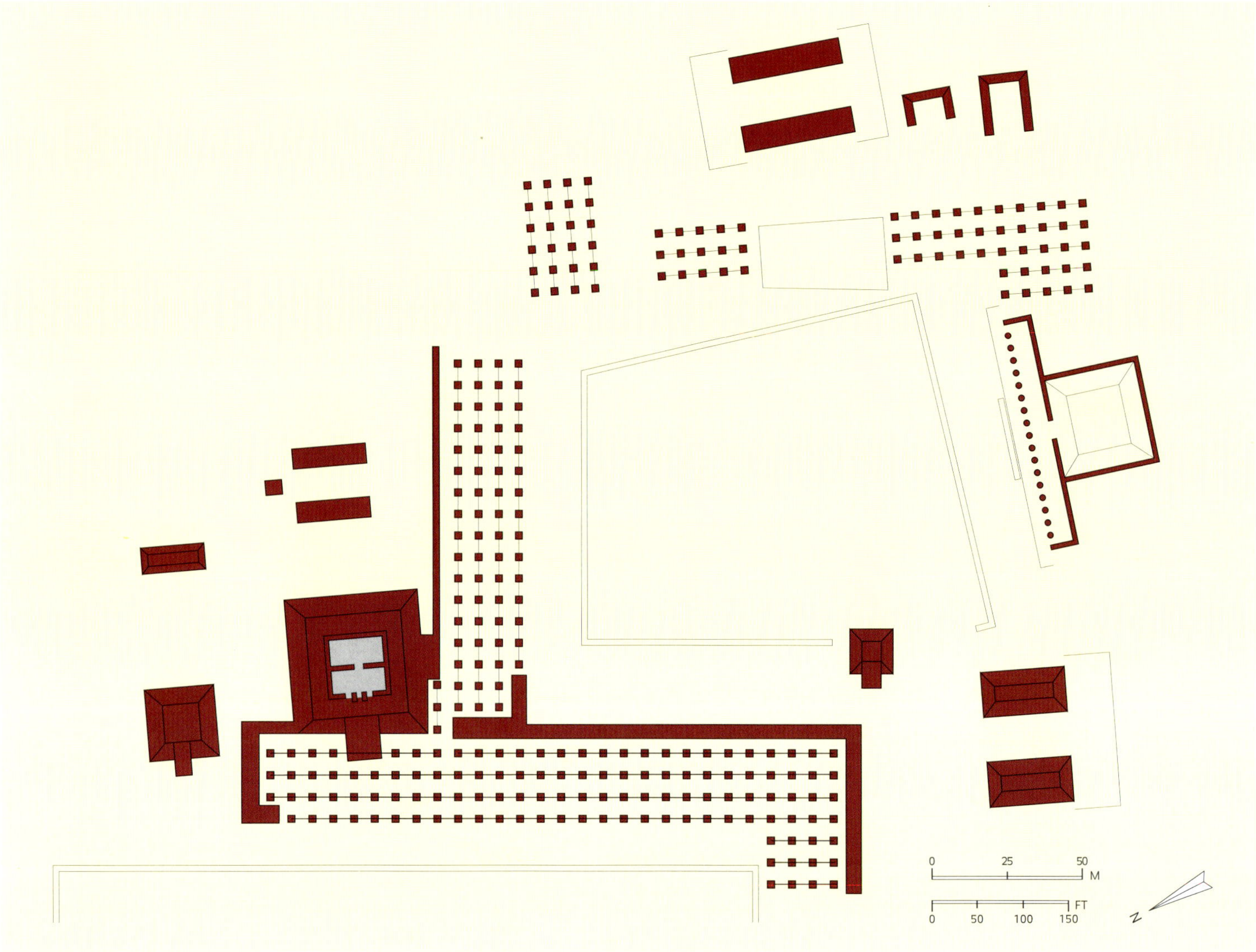

Plan der Bauten östlich des Tempels der Krieger
Der merkwürdigste Bau dieses Komplexes ist die sogenannte Gruppe der Tausend Säulen, die drei – an einigen Stellen vier – Joche tief die westliche und nördliche Seite eines trapezförmigen Platzes begrenzte. An dessen Südseite erhob sich hinter einer Kolonnade ein Gebäude, das als »Markt« bezeichnet wird, an der Ostseite lag ein Ballspielplatz.

Kolonnade seitlich des Tempels der Krieger
Die gemauerten Gewölbe stürzten ein, als die hölzernen Architrave verfaulten.

Gruppe der Tausend Säulen in Chichén Itzá
Versammlungshallen dieser Art waren eine neue Herausforderung für die Architekten, der die maya-toltekischen Baumeister von Chichén Itzá glänzend gerecht wurden.

»Markthalle« in Chichén Itzá
Getragen von hohen, runden Pfeilern, überspannte das Dach des Marktes – in der Art eines *compluvium* – einen eleganten Platz urbanen Lebens.

Gruppe der Tausend Säulen
Die Gruppe der Tausend Säulen zeigt deutlich die Änderungen der gewohnten Bauweise durch die aus dem Kernland Mexikos stammenden Neuerungen.

niger leicht gebauten Hofräume in Tula vermutlich als Versammlungsort für die Krieger gedient.

Die Vielzahl und Vielfalt der Innenräume kann als die bedeutendste Leistung der yucatekischen Baukunst in deren maya-toltekischer Spätphase angesehen werden. In keiner anderen präkolumbischen Kultur ist Vergleichbares vollbracht worden. Die Hallen von Chichén Itzá wurden erst von den Palastbauten der Azteken übertroffen, von denen leider nur wenig bekannt ist, da sie bei der Zerstörung Tenochtitláns im Jahr 1522 durch die spanischen Eroberer in Schutt und Asche gelegt wurden.

Bemerkenswert ist übrigens, daß in maya-toltekischer Zeit in Chichén Itzá weder Palastbauten noch steinerne Wohnhäuser errichtet wurden – weder einzeln, wie der Palast des Gouverneurs in Uxmal, noch, wie die Bauten des Vierecks der Nonnen, als Gebäudekomplex um einen Innenhof. Es bleibt unklar, ob sich die neuen Herren von Chichén Itzá mit dem dortigen Gebäude der Nonnen als Residenz begnügten oder ob die Häuptlinge und der Kriegeradel der Tolteken zu den Bräuchen der Ahnen zurückkehrten und wie das einfache Volk in strohgedeckten Hütten wohnten.

Die neuen Herren Chichén Itzás ließen sich zwar keine Paläste bauen, jedoch mehrere kleine Dampfbäder, die wahrscheinlich sowohl der rituellen Reinigung als auch der Körperpflege dienten.

Der Ballspielplatz

Der Ballspielplatz aus maya-toltekischer Zeit ist zweifellos der bedeutendste und größte dieses in ganz Mesoamerika verbreiteten Bautypus. In der Längsachse mißt er 168 m, in der Breite 70 m. Das eigentliche Spielfeld hat eine Fläche von 7 000 m^2 und die traditionelle Form der römischen Ziffer I, das heißt, an beide Enden des schmalen langen Mittelfeldes schließen sich, quer zu diesem, kürzere Außenfelder an. Das Mittelfeld wird eingefaßt von schmalen, massiven Steinbänken und von 8 m hohen Mauern, deren breite, flache Oberseite als Zuschauertribüne diente. Der Anlage sind verschiedene Gebäude angegliedert: im Osten der Tempel der Tiger, Tempel der Jaguare genannt; er ist nur eine kleine Kapelle. Über ihm erhebt sich auf der zu diesem Zweck stark verbreiterten Mauer ein größerer Tempel, dessen Front dem

Ballspielplatz in Chichén Itzá
Der große Ballspielplatz in Chichén Itzá ist das bedeutendste Bauwerk dieses überall in Mesoamerika verbreiteten Typs. Zwischen den beiden Umfassungsmauern erstreckt sich das Spielfeld, auf dem sich die gegnerischen Mannschaften vor den Augen der zahlreichen Zuschauer gegenüberstanden.

Spielfeld zugewandt ist. Auch dieser wird als Tempel der Jaguare – beziehungsweise Tempel der Tiger bezeichnet. Zwei Tribünen mit gewölbten Innenräumen am nördlichen und südlichen Spielfeldende waren vermutlich der politisch-religiösen Obrigkeit der Stadt vorbehalten.

Die geböschten Vorderseiten der massiven Steinbänke an den Rändern des Spielfelds sind mit Basreliefs geschmückt, die Aufschluß darüber geben, welches Spiel dort gespielt wurde. Von rechts und links schreiten prächtig gerüstete und behelmte Männer auf einen runden Altar zu, auf dem ein großer Totenschädel liegt. An der Spitze des linken Zuges findet sich eine Figur, die in der Rechten ein Steinmesser, in der Linken das abgeschnittene Haupt des Mannes hält, der auf der anderen Seite des Altares, ihm gegenüber, in die Knie gesunken ist, wobei aus seinem Hals Blut spritzt.

Hoch über diesen Szenen, 7 m über dem Boden und auf halber Länge des Spielfelds, ist im 90°-Winkel zur Mauer ein steinerner Ring in beide Stirnwände der Tribünenmauern eingelassen. Durch die Öffnungen dieser aus zwei verschlungenen Schlangen gebildeten Ringe mußten die Spieler den Gummiball schlagen.

Der Tempel der Jaguare, der auf dem südlichen Ende der östlichen Tribünenmauer steht, erhebt sich mit seinem durch zwei Schlangenstützen geteilten Portal über das Spielfeld. Die aufgerissenen Schlangenmäuler ruhen am Boden, die zylindrischen Leiber, denn hier handelt es sich tatsächlich um runde Pfeiler, sind aufgerichtet und tragen die Oberschwelle. Der mit Rasseln besetzte Schwanz krümmt sich um diese und steht an der Fassade in die Höhe. Diese noch recht schwerfällige Skulptur ist wahrscheinlich ein Vorläufer des Portals vom Tempel der Krieger, bei dem man die Idee des Schlangenstützenportals mit höchster Kunstfertigkeit verwirklicht sieht. Durch das Portal des Tempels der Jaguare betritt man eine Vorhalle, hinter der die halbdunkle Cella liegt. Die Gewölbe sind mit Wandgemälden geschmückt, auf denen man sehr lebhafte, detaillierte Gefechtsszenen erkennen kann.

Das Portal des kleinen Tempels des Jaguars, der unterhalb des großen an die Rückwand der Tribünenmauer gebaut ist, nimmt, durch zwei Pfeiler geteilt, die ganze Breite des Gebäudes ein. Zwischen den beiden Pfeilern auf der Schwelle befindet sich ein steinerner Altar oder Thron in Gestalt eines Jaguars. Die Wände des

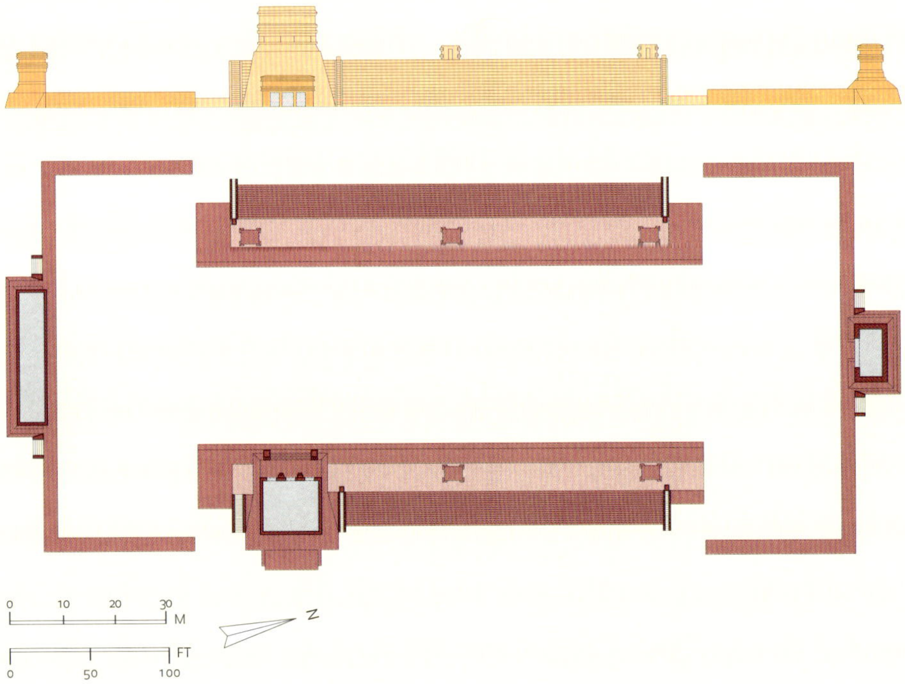

Innenraumes sind mit Reliefs bedeckt, die sich auf den Kult beziehen, dem dieser Ort geweiht war.

Die Ausschmückung der Tempel am Rande des Spielfeldes wie auch die Reliefs an den geböschten Vorderseiten der Bänke offenbaren, daß das Ballspiel der Tolteken und Maya kein bloßer Zeitvertreib war. Das Spielfeld sollte das Universum darstellen, den heiligen Raum, in dem der Kampf zwischen Licht und Finsternis seinen ewigen Gang ging, wo Mond und Sonne ihre Bahnen zogen und der Herr der Unterwelt, *xibalba*, der Schiedsrichter war.

Seite 206 oben

Verzierter Zielring

Die Zielringe des Ballspielplatzes werden aus zwei verschlungenen gefiederten Schlangen gebildet, dem Symbol Kukulkáns, der von den Tolteken vermutlich aus Yucatán eingeführt worden war.

Seite 206 unten

Auf- und Grundriß des großen Ballspielplatzes

Die Spieler, die auf diesem 160 m langen und 7 000 m² großen Platz gegeneinander antraten, setzten ihr Leben aufs Spiel, denn nicht selten wurden die Verlierer den Göttern geopfert.

Seite 206–207

Ballspielplatz und Tempel der Jaguare

Der Tempel der Jaguare am südlichen Ende der östlichen Tribüne und der an die Außenseite der Mauer gebaute kleine Tempel der Jaguare versinnbildlichen die Präsenz der Götter beim Ballspiel.

Kleiner Tempel der Jaguare
An der Fassade des kleinen Tempels der Jaguare wird mit ihren großzügigen Formen der Puuc-Stil aufgegriffen. Im Innern illustrieren Flachreliefs (kaum noch zu erkennen) die Phase der toltekischen Wanderung.

Altar in Form eines Jaguars
Zwischen den Pfeilern der Fassade des kleinen Tempels der Jaguare steht dieser Thron in Form eines Jaguars. Er ist dem in der Cella der älteren Pyramide des Kukulkán verwandt.

Zuschauertribüne
Der Bau am nördlichen Ende des Spielfelds diente vielleicht den hohen Würdenträgern der militärisch-religiös ausgebildeten maya-toltekischen Gesellschaft Chichén Itzás als Zuschauertribüne.

Reliefdetail an einer Seitenbank des Ballspielplatzes
Im Mittelpunkt eines Reliefs an einer der Seitenbänke des großen Ballspielplatzes zeigt dieses Bild eines Totenschädels unmißverständlich, wie es um das Schicksal der Verlierer dieses Spiels stand.

Portal des Tempels der Jaguare
Auch das Portal des Tempels der Jaguare ruht auf Stützen in Gestalt der Gefiederten Schlange. Von hier aus konnte man den Ritualen beiwohnen, die sich auf dem Ballspielplatz ereigneten.

Seite 211
Portal des Tempels der Jaguare
Die Schlangenstützen des restaurierten Portals vor dem Tempel der Jaguare erinnern an die Schlangenpfeiler des Tempels der Krieger.

Historische Aufnahmen aus dem 19. Jahrhundert

In seinen Büchern berichtet der Amerikaner John Llyod Stephens von seinen Reisen, die er von 1839–1843 mit dem Architekten und Maler Frederick Catherwood von Honduras bis nach Chiapas und Yucatán unternahm. Die Genauigkeit dieser Aufnahmen erzielte Catherwood mit Hilfe der *Camera lucida* und konnte so den besonderen Reichtum der Bauten von Chichén Itzá vermitteln.

Oben: Catherwoods Zeichnung vom Anbau des Gebäudes der Nonnen.
Unten: Pyramide des Kukulkán in dem Zustand, in dem die Reisenden sie 1842 vorfanden.

Der Reisebericht von John Lloyd Stephens mit den Zeichnungen von Frederick Catherwood wurde mehrfach neu aufgelegt. Die Illustrationen haben bis heute nichts von ihrem Charme und Dokumentationscharakter eingebüßt.

Oben links: Die Innenansicht des Hochtempels der Pyramide des Kukulkán in Chichén Itzá verdeutlicht die Genauigkeit der Zeichnungen (vgl. Abb. S. 190 unten).
Unten links: Das Caracol in Chichén Itzá, noch von der Vegetation überwuchert.

Oben rechts: Das Castillo in Tulum mit intakter Treppe.
Unten rechts: Gebäude in Tulum, umgeben von den Wäldern Quintana Roos.

Schlusswort

Niedergang der Maya-Kultur

Seite 215
Terrakottafigur des Chac
Diese in Mayapán gefundene, 21 cm hohe, polychrome Terrakottafigur aus postklassischer Zeit stellt den Gott ohne seine charakteristische Rüsselnase mit menschlichem Antlitz dar. (Mérida, Museo)

Nach den Ursachen des Verfalls der Maya-Kultur forscht man seit ihrer Wiederentdeckung vor fast 200 Jahren, ohne daß man bisher zu einem Konsens gelangt wäre. Dieser Niedergang ist eine kontinuierliche Enwicklung, die mit der mächtigen Renaissance von Chichén Itzá ihren Anfang genommen hat. Doch es entstanden auch während des Verfalls dieser Kultur in Yucatán Werke, die bezeugen, daß sie noch nicht untergegangen war, als die Spanier im 16. Jahrhundert die Maya unterwarfen.

Zauber von Tulum

Tulum, eine befestigte Kleinstadt an der Nordostküste Yucatáns auf hohen Felsen am Karibischen Meer gelegen, ist eine der letzten Städte der Maya. Sie wurde 1518 von Juan de Grijalva entdeckt. Die Bauten sind vom Meer aus gesehen noch heute eindrucksvoll – man könnte eine Parallele zu der Ruine des Poseidontempels am Kap Sunion an der Südspitze Attikas in Griechenland ziehen –, doch aus der Nähe betrachtet erweisen sich die Tempel von Tulum mit ihren massigen Umrissen und ihrem groben Mauerwerk nicht als Meisterwerke der Baukunst.

Sie sind erst zwischen dem 13. und dem Ende des 15. Jahrhunderts n. Chr. errichtet und verraten in vielen Einzelheiten – so in den von Rundpfeilern gestützten Decken einiger Innenräume –, daß den Erbauern die Tempel von Chichén Itzá als Vorbilder gegenwärtig waren. Der Haupttempel des Ortes ist das sogenannte Castillo von Tulum. Die hohe Treppe, die zum Portal des Tempels hinaufführt, das durch zwei grob gemauerte Pfeiler gegliedert wird, läßt Eleganz und Finesse in der Planung – es ist das Resultat verschiedener Überbauungen – ebenso wie in der technischen Ausführung vermissen. Die steinerne Wandverkleidung ist grob gehalten und dürfte unter einer Schicht polychromen Stucks verborgen gewesen sein.

Der interessanteste Bau ist der Tempel der Fresken, in dessen Portal vier massive Rundpfeiler stehen. In einer vertikalen Nische über der Mitte des Portals ist das Bild des Herabstürzenden Gottes in Stuckrelief zu sehen. Durch die Säulenhalle betritt man einen Korridor, von dem eine Tür in die Cella des Tempels führt. Ihre Außenwände waren ganz mit Fresken bedeckt, die dank des später erbauten, schützenden Korridors zum guten Teil erhalten sind. Der Stil der in grauen und blauen Tönen dargestellten Götter und himmlischen Wesen, Schlangen und Blumen gleicht dem mixtekischer Handschriften aus Oaxaca und belegt den starken Einfluß des mexikanischen Hochlands in der Spätzeit der Maya-Kultur auch an der Küste des Karibischen Meeres.

Das Äußere dieses Tempels ist reich mit Stuckreliefs geschmückt. Neben dem Herabstürzenden Gott über der Portalmitte sind an den Ecken des Frieses große stilisierte Chac-Masken zu erkennen. Diese verwandelte Darstellung des Regengottes mit den in den Mundwinkeln sichtbaren Eckzähnen hat nicht mehr die charakteristische Rüsselnase. Es scheint, als wäre man hier am Ende der Kulturepoche, in der dieser Gott eine zentrale Rolle spielte, zu dem Bild zurückgekehrt, das man von ihm hatte, als der Tempel der Sieben Puppen in Dzibilchaltún errichtet wurde. Auffällig ist bei diesem hastig gemauerten schweren Bau die starke Verformung der nach

Räucherfaß aus Terrakotta
Dieses Räucherfaß aus polychromer Terrakotta stammt aus der letzten Epoche der Maya-Kultur und wurde in Mayapán gefunden. Dargestellt ist ein reich geschmückter Überbringer von Opfergaben, dessen menschliche Züge auf den Regengott Chac verweisen. (Mexiko-Stadt, Museo Nacional de Antropología)

außen gewölbten Mauern. Die übereinandergesetzten Friese springen kontinuierlich vor und scheinen die Gesetze der Statik zu ignorieren.

Die sehr regelmäßig angelegte Stadt ist an drei Seiten von einer Mauer umgeben, deren Steine ohne Mörtel aufeinandergelegt waren. Sie ist in ostwestlicher Richtung etwa 150 m, in nordsüdlicher 450 m lang. Auf der Ostseite, am Meer, war eine Schutzmauer nicht erforderlich, denn die Klippen fallen steil ab. Am Fuße dieser Felswand gibt es eine kleine Bucht, wo Handelsboote anlegen konnten. Landeinwärts führten Wege durch den Urwald nach Cobá und Chichén Itzá.

Zu den späteren Zeugnissen der Maya-Baukunst zählt auch die im 15. Jahrhundert von den Cakchiquel im Hochland von Guatemala erbaute Stadt Iximché. Ihre Ruinen hat man dort in 2 260 m Höhe gefunden. Iximché hatte nicht lange Bestand: 1470 gegründet und befestigt, wurde es 1524 von Pedro de Alvarado zerstört.

Aber Tulum und Iximché standen ohnedies der bedeutenden Zeit der Maya schon sehr fern. Bereits sechs Jahrhunderte zuvor waren die großen Städte der klassischen Epoche verlassen worden. Als Grijalva in Tulum Bewohner der Küsten Yucatáns entdeckte, waren Tikal, Copán und Palenque schon seit über einem halben Jahrtausend vom Urwald überwachsen und vergessen.

Rückansicht des Castillo in Tulum
Die Rückseite des wichtigsten Baus der Maya-Stadt Tulum stammt aus postklassischer Zeit. Die Bauweise hat ihre Strenge und die Ausführung an Qualität verloren.

Vorderansicht des Castillo in Tulum
Wenn auch der Bau des Castillo, das an der Steilküste von Tulum errichtet wurde, noch beeindruckt, hat doch die Ausführung des Baus im Detail an Qualität verloren. Der Aufbau scheint unproportioniert und das Mauerwerk unfertig.

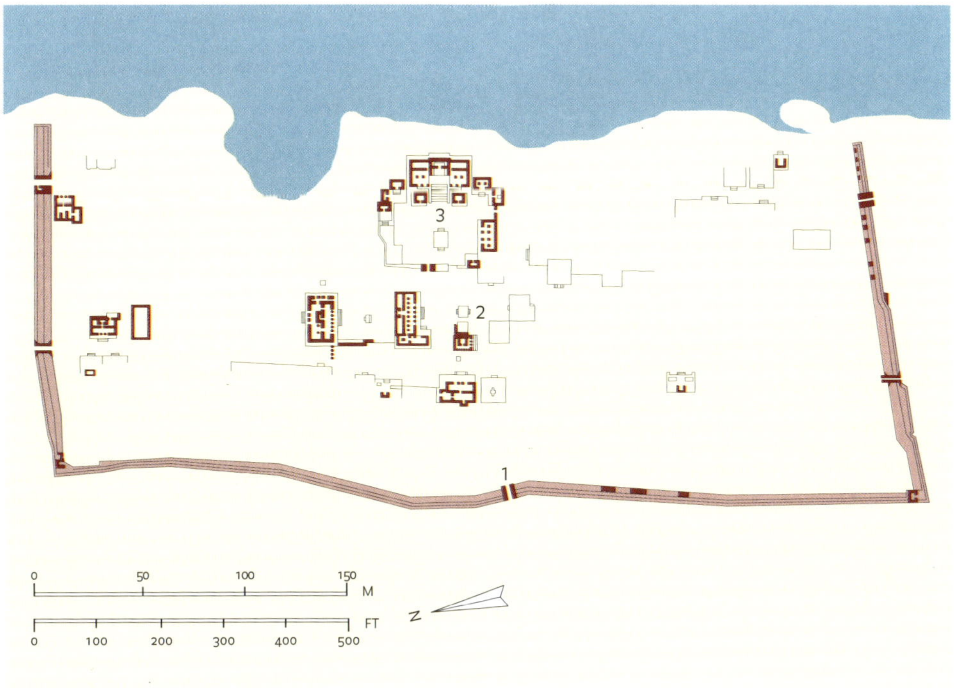

Plan von Tulum
Die am Karibischen Meer gelegene Stadt Tulum verfügt neben dem Castillo über mehrere kleinere Heiligtümer.
1. Haupteingang
2. Tempel der Fresken
3. Castillo

Tulum
Zu Beginn des 16. Jahrhunderts war Tulum noch ein bedeutender Handelsplatz. Als der Spanier Juan de Grijalva sich im Jahr 1518 der Küste Tulums näherte, wagte er trotz der anziehenden Schönheit der Stadt nicht zu landen.

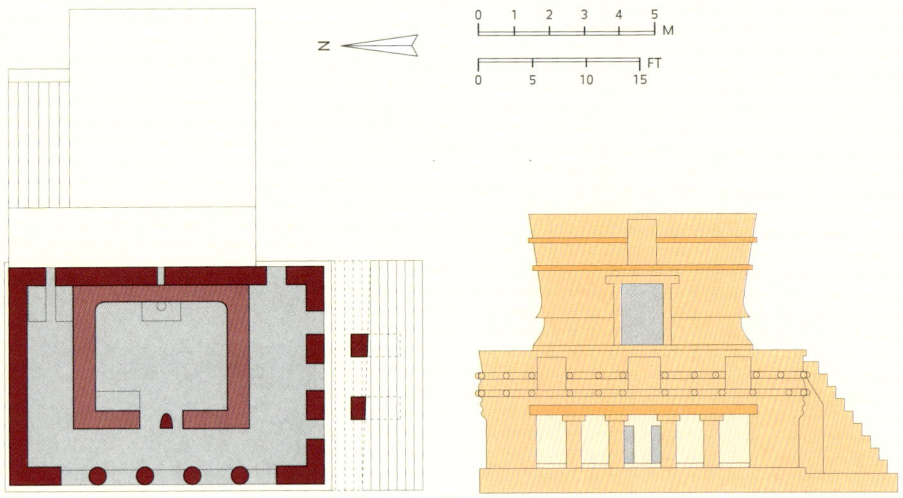

Tempel der Fresken in Tulum
Oben links: Grund- und Aufriß.
Oben rechts: Detail des Stuckdekors mit der Darstellung des Regengottes Chac.
Unten: Der Tempel der Fresken ist mit dem Stuckdekor seiner Fassade und den in seinem Inneren erhaltenen Wandmalereien das am reichsten geschmückte Gebäude in Tulum. Die etwas unbeholfenen Formen des Baus zeigen, daß die hohe Kunst der Maya-Architektur in Tulum bereits ihren Höhepunkt überschritten hatte.

Kleiner Tempel in Tulum
Dieser kleine Tempel steht unmittelbar an der Steilküste von Tulum, nördlich vom Castillo. Auffallend ist die starke Neigung der Mauern, die für die letzte Periode der Maya-Architektur charakteristisch ist.

Wandmalerei im Tempel der Fresken von Tulum
Die im Tempel der Fresken erhaltenen Reste von Wandmalereien zeigen kolorierte Umrißzeichnungen von Göttern. Vergleichbare Darstellungen findet man in mixtekischen Handschriften.

Stele aus Cobá
In der Stadt Cobá in Quintana Roo, die im Streit mit Chichén Itzá lag, hat man Stelen aus der Spätzeit der klassischen Epoche gefunden.

Seite 225
Castillo in Cobá
Die erst teilweise von der Vegetation befreite Pyramide steht am südlichen Ende des einst sehr ausgedehnten Stadtgebietes. Cobá selbst liegt an der fast 100 km langen gepflasterten Prozessionsstraße, auch *sacbeob* genannt, die bis nach Yaxuna, einem Kultzentrum südwestlich von Chichén Itzá, führte.

Untergang der Maya-Städte

Der Untergang der klassischen Metropolen im Petén, in Chiapas, Belize und Honduras ist an den dort aufgestellten Stelen abzulesen. Es sind die letzten Lebensdaten der Orte, die dort hinterlassen wurden. Etwa an der Wende vom 8. zum 9. Jahrhundert nahm die Anzahl der datierten Inschriften an Stelen oder Türoberschwellen deutlich ab.

Das letzte Datum in Bonampak entspricht dem Jahr 795 n. Chr.; das der letzten Inschrift in Palenque dem Jahr 799. Das letzte Datum in Yaxchilán ist 808, in Quiriguá und Piedras Negras 810, in Copán 820, in Machaquila 841, beim Altar de Sacrificios 849, in Tikal 879, in Seibal 889, in Chichén Itzá 898. Die letzte in Langrechnung ausgedrückte Inschrift schließlich findet man in Toniná, sie entspricht dem Jahr 909 n. Chr.

Archäologen und Historiker haben sich um die Lösung dieses Rätsels bemüht und viele mögliche Gründe für den Zusammenbruch der Maya-Kultur angeführt: klimatische Veränderungen mit katastrophalen Folgen für die Landwirtschaft, Erschöpfung des Bodens durch die primitiven und unzulänglichen Landbaumethoden, mangelnde Fürsorge für das System der Entwässerungskanäle, die dann verheerende Malaria-Epidemien zur Folge hatte. Auch Ursachen, die sich unmittelbar

aus den sozialen Verhältnissen in diesen Städten ergeben haben, könnten von Bedeutung gewesen sein: Volksaufstände gegen die priesterliche Obrigkeit, die den einfachen Mann zum Frondienst bei den Tempelbauten der Städte zwang. Neuerdings – seitdem bekannt ist, daß auch die Städte des Petén bereits in der klassischen Epoche häufig Kriege gegeneinander führten – sieht man auch im Überhandnehmen von Kriegen und von Menschenopfern die Ursachen des Machtverfalls und der Entvölkerung ganzer Regionen.

Möglicherweise haben alle diese Ursachen gemeinsam zum Untergang der Maya-Kultur beigetragen. Doch es scheint, als müsse die Hauptursache bei den Völkerwanderungen gesucht werden, die nomadisierende Barbaren aus den Halbwüsten des Nordens in die Kulturgebiete des Hochlandes führten, deren zivilisierte Bewohner auf der Flucht vor den Eindringlingen oft ihrerseits andere zivilisierte Völker unterwarfen oder verdrängten. Es haben Völkerwanderungen stattgefunden, in deren Verlauf ganze Stämme wie die der Pipil, Putún, Quitzé und Tolteken in das Gebiet der Maya eindrangen. Die Auseinandersetzung der Maya mit diesen kriegerischen und wenig zivilisierten Nomaden führte zu Desorganisation und Verwüstung, die die alteingesessene Gesellschaft trotz ihrer unbestreitbaren Überlegenheit zusammenbrechen ließen. Umgekehrt konnte es geschehen, daß Völker auf der Flucht vor den Eindringlingen in das hochkultivierte Land der Maya gelangten und ein letztes Aufflammen dieser Kultur bewirkten – wie in der zweiten Blütezeit von Chichén Itzá.

Neben den Völkerwanderungen sind eine ganze Reihe anderer Faktoren für den Niedergang der Maya-Kultur in Betracht zu ziehen. So veränderten sich die Lebensbedingungen durch neue Handelswege, die im 9. und 10. Jahrhundert in ganz Zentralamerika entstanden. Die Archäologen konnten nachweisen, daß in der maya-toltekischen Blütezeit Chichén Itzás erstmalig auch Schmuckstücke aus Gold

Iximché in Guatemala
Während der großen »Völkerwanderung« gegen Ende der Maya-Zeit gründeten die Cakchiqueles im Hochland von Guatemala ihre nur kurze Zeit bestehende Hauptstadt Iximché. 1470 erbaut, wurde sie bereits 1524 von den Spaniern zerstört. Die mächtigen Bauten innerhalb eines heiligen Bezirks mit rechtwinkligem Grundriß sind jedoch noch zu erkennen.

Begräbnisurne aus Ton
Die erst gegen Ende der klassischen Epoche in das Hochland von Guatemala eingewanderten Quiché waren ausgezeichnete Töpfer. Das abgebildete Detail einer Begräbnisurne aus Nebaj verrät bemerkenswertes plastisches Können. (Guatemala-Stadt, Museo Popol Vuh)

auftauchten. Vermutlich schadeten fremde Götter und fremdes Gold der alten Maya-Ordnung nicht weniger als die fremden Krieger aus dem Norden. Sie führten zu Verunsicherungen, die die staatlichen, geistigen und religiösen Strukturen unterminierten und das in Frage stellten, was die Maya-Welt zusammenhielt. Der Untergang der Maya ist auf ein Zusammenspiel vielfältiger Gründe und Faktoren zurückzuführen und kann bis heute nicht vollständig erklärt werden.

Vermächtnis der Maya-Architektur

Während einer Zeitspanne von acht Jahrhunderten, bis in die Mitte des 9. Jahrhunderts n. Chr., hat die Baukunst der Maya eine bemerkenswerte Entwicklung durchlaufen. Zu Beginn dieser Entwicklung errichteten die Maya massive und niedrige Plattformen und gelangten schließlich zu den technischen Errungenschaften, die den Bau von hohen pyramidenförmigen Bauwerken ermöglichten, deren Stufen sich über die Wipfel des Urwaldes erhoben, wobei sie sowohl Mauerwerk als auch Beton verwendeten. Gleichzeitig bereicherten sie ihr technisches Vermögen und ihren Formenschatz bei der Gestaltung von Innenräumen, von den winzigen gewölbten Kammern der ersten fest gedeckten Tempel bis zu den Prunkgemächern der großen Paläste.

Erst im 10. Jahrhundert, als die großen Städte des Regenwaldes schon von ihren Bewohnern verlassen worden waren, lernten die Maya im Norden Yucatáns, angeleitet von den Tolteken und genötigt durch deren soziale und religiöse Bedürfnisse, fest gedeckte Räume von bisher unerhörtem Umfang zu bauen, große Versammlungshallen für Kriegerorden nach toltekischem Vorbild. In Tula im mexikanischen Hochland hatten die Tolteken zu diesem Zweck flachgedeckte Pfeilerhallen errichtet. In Chichén Itzá erbauten die Maya mehrschiffige Pfeilerhallen mit parallelen Kraggewölben. Doch mit diesen Glanzleistungen endete auch in Yucatán das klassische Zeitalter der Maya-Baukunst.

Begräbnisurne aus Ton
Auch diese Begräbnisurne aus der Zeit um 1000 n. Chr. zeugt von den plastischen Fähigkeiten des Volkes, dem man das »Popol Vuh« (Buch des Rats) verdankt, eine der großen Schriften der Maya-Literatur. (Guatemala-Stadt, Museo Popol Vuh)

Die hohen Pyramiden und die langgestreckten Palastbauten der Maya-Metropolen der klassischen Epoche sprechen eine komplexe künstlerische und stadtplanerische Sprache, die sich der Esplanaden, der offenen Plätze, der viereckig angeordneten Gebäudegruppen, symmetrischen Perspektiven und Prozessionsstraßen souverän zu bedienen wußte.

Charakteristisch für diese an vielen Orten realisierte Baukunst ist bei aller Formenvielfalt die Kontinuität der Architekturtypen: Überall wurden Tempelpyramiden gebaut, Paläste mit vielen Kammern und Ballspielplätze. Die Gebäude wurden allerorts auf künstlich aufgeschüttete Sockel gestellt. Die Planung dieser von den Archäologen als Zeremonialzentren bezeichneten Gebäudekomplexe ist in der Regel am Ablauf einer komplexen Liturgie orientiert.

Neben diesen Gebäudetypen findet man Bauten zur astronomischen Beobachtung, Kult- und Opferplattformen, Befestigungsanlagen, Gräber und Krypten. Nur die Herrscher, der Hochadel und die Priester wohnten in den steinernen Palästen der Zeremonialzentren, während die Bevölkerung in strohgedeckten Hütten lebte, deren Wände aus mit Lehm bestrichenem Flechtwerk bestanden. Die Steinbauten zeigen ein umfangreiches Repertoire an Dekorationsformen: von Flachreliefs über Skulpturen zu Wandgemälden. Da die schriftlichen Zeugnisse dieser Kultur, Bücher, in denen die gelehrten Priester ihr Wissen überlieferten, zum großen Teil verloren sind, muß sich die Forschung darauf beschränken, die Sprache der Bauten und deren Dekorationsvokabular zu entschlüsseln.

Im 10. Jahrhundert, gegen Ende der Maya-Kultur, bereicherten die Tolteken aus dem mexikanischen Hochland die Architektur um neue Elemente und besonders um großzügige überdachte Säle, die den Angehörigen der Militärorden zur Versammlung dienten. Die architektonische Revolution dieser Deckenkonstruktion besteht in der gelungenen Kombination aus toltekischer Baukunst, wie sie sich auch in Tula findet, und den großen Steingewölben der klassischen Maya-Zeit. Diese Innenräume verkörpern die Apotheose präkolumbischer Baukunst in ganz Mesoamerika. Paradoxerweise entwickelte sich diese Technik zu einer Zeit, in der die Zivilisation der Maya bereits dem Untergang bestimmt war.

Begräbnisurne
Die Begräbnisurnen aus Ton, die von den gegen Ende der klassischen Epoche in Guatemala eingewanderten Quiché gefertigt worden sind, stellen Gesichter und Gestalten von Göttern dar. (Guatemala-Stadt, Museo Popol Vuh)

Zeittafel

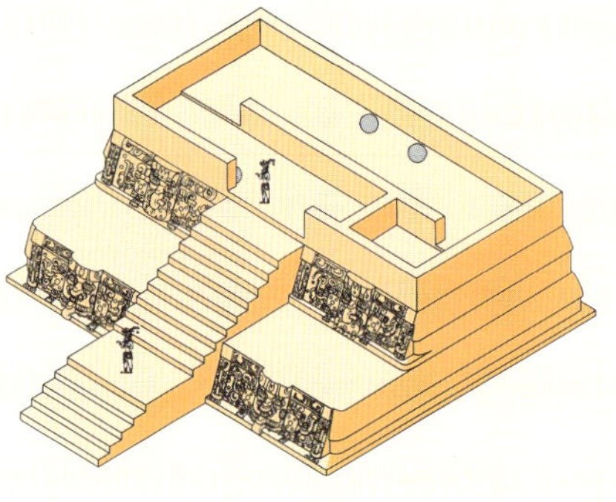

Rekonstruktion des ersten Tempels in Cerros (Belize)

Bauwerke

1000–400 v. Chr. La Venta
300 v. Chr.–150 n. Chr. Kaminaljuyú
156 n. Chr. La Mojarra, Stele
36 n. Chr. El Baúl, Stele
50 n. Chr. Cerros, Bau 5 C-2
um 1–50 n. Chr. Uaxactún, Pyramide E VII-Sub

300 Uaxactún, Pyramide H-Sub 3
6. Jh. Tikal, Tempel IV
7. Jh. Tikal, Pyramide des Großen Jaguars
734 Tikal, Grab des Großen Jaguars
762 Copán, Zuschauertribünen
545–757 Copán, Hieroglyphentreppe
810 Copán, letzte Stele

672–720 Palenque, Großer Palast
675 Palenque, Tempel der Inschriften
690 Palenque, Tempel der Sonne
692 Palenque, Tempel des Kreuzes
720 Yaxchilán, Türsturz von Schild-Jaguar
792 Bonampak, Wandmalereien

2000 v. Chr.–300 n. Chr.
Formative bis vorklassische Epoche

300–900 n. Chr.
Klassische Epoche – Petén/Belize

300–900 n. Chr.
Klassische Epoche – Chiapas

2000–1200 v. Chr. Formative Epoche
1200–900 v. Chr. Frühe vorklassische Epoche
900–300 v. Chr. Mittlere vorklassische Epoche
300 v. Chr.–300 n. Chr. Späte vorklassische Epoche

Historische Ereignisse

375 Einfluß Teotihuacáns in Tikal
378 Krieg zwischen Uaxactún und Tikal
534–593 Chronologische Lücke

Pyramide des Großen Jaguars (Tempel I) in Tikal

320 Beginn der Dynastie von Yaxchilán
431 Beginn der Dynastie von Palenque
605 Geburt Pacals
640 Tod der Königin Zak Kuk
683 Tod Pacals
684–702 Regierungszeit Chan Bahlums
795 Letztes Datum in Bonampak
799 Letztes Datum in Palenque
808 Letztes Datum in Yaxchilán

Grabkrypta des Tempels der Inschriften in Palenque

Stuckmaske der Pyramide der Masken in Kohunlich

Fassade des Tempels der Krieger in Chichén Itzá

4.–5. Jahrhundert
Kohunlich, Pyramide der Masken
550–700 Chicanná, Bau 1
um 600 Becan, Befestigung
800–850 Becan, Bau 4
672–810 Edzná, Stelen

300–900 n. Chr.
Klass. Epoche – Campeche/Quintana Roo

830 Letztes Datum in Chicanná

4. Jahrhundert
Dzibilchaltún, Tempel der Sieben Puppen
569 Uxmal, Pyramide des Wahrsagers
649 Uxmal, Ballspielplatz
879 Chichén Itzá, Türsturz

300–900 n. Chr.
Klassische Epoche – Yucatán

909 Chichén Itzá, Caracol, letztes Datum der Maya

Ende 10. – Anfang 11. Jahrhundert
Chichén Itzá, Pyramide des Kukulkán, erster Bau
Ende 11. Jahrhundert
Chichén Itzá, Pyramide des Kukulkán, zweiter Bau
um 1200 Gründung von Mayapán

900–1524 n. Chr.
Postklassische Epoche – Yucatán

950–1000 Toltekische Invasion; Besetzung Chichén Itzás
um 1200 Niederlassung der Quitzé
um 1200–1250
Auszug aus Chichén Itzá
13. Jahrhundert
Wanderungen der Cakchiquel
1470 Gründung von Iximché
1518 Juan de Grijalva vor Tulum
1524 Zerstörung von Iximché

Fassade im Chenes-Stil in Form einer Maske am Bau 2 in Chicanná

Große Treppe der Pyramide des Wahrsagers in Uxmal

Castillo in Tulum

Glossar

Altar: Freistehende monolithische Altäre finden sich bei den Maya an einigen Orten als Komplemente von Stelen. Sie sind oft als Unterweltsgottheiten gestaltet.

Amatl: Das Papier, aus dem die Maya ihre Bücher machten, wurde aus der inneren Rinde des wilden Feigenbaums gefertigt. Lange Stücke dieser Rinde wurden mit Kalk oder einer Art Stuck überzogen und wie ein Leporelloalbum gefaltet.

Baktun: Einheit der Zeitrechnung der Maya, 144 000 Tage oder 394,5 Sonnenjahre umfassend. Ein *baktun* summierte sich aus 20 *katun* (siehe dort).

Ballspiel: Das Ballspiel war über ganz Mesoamerika verbreitet. Bei diesem Spiel, bei dem der Platz den Himmel, der Ball die Sonne und die Spieler die Mächte des Himmels und der Hölle symbolisierten, konnte es um Leben und Tod gehen, denn die Niederlage konnte den Kopf kosten. Zwei Mannschaften bemühten sich, den Ball in das gegnerische Feld zu bringen. Dabei war nur erlaubt, die Gummikugel mit der Hüfte oder dem Gesäß weiterzutreiben. Wenn der Ball den Boden berührte, bedeutete das einen Minuspunkt für die ballführende Mannschaft. Häufig kam es zu Menschenopfern im Anschluß an das Spiel.

Caracol: Die spanische Bezeichnung für »Schnecke«, »Schnekkenhaus« und »Wendeltreppe« dient zur Bezeichnung des runden Baus in Chichén Itzá, in dem man ein astronomisches Observatorium erkannt hat.

Castillo: Als *castillo*, »Kastell« oder »Burg« bezeichnet man in verschiedenen Städten die größten Bauwerke, so die Pyramide von Chichén Itzá und den höchsten Tempel von Tulum.

Ceiba: Höchster Baum des Regenwaldes, den die Maya zum Symbol des Weltbaums ernannten; er bildete die Achse ihres Universums.

Cella: Mit diesem aus dem Lateinischen entlehnten Fachbegriff bezeichnet man das Allerheiligste eines Tempels, den Innenraum, in dem Opfer dargebracht und bedeutende Zeremonien vollzogen wurden.

Cenote: Hispanisierte Form des Wortes *dzonot*. *Cenotes* sind brunnenartige Schächte, die das Kalkgestein Yucatáns bis zum Grundwasserspiegel durchlöchern. Diese natürlichen Brunnen, die bis zu 80 m Durchmesser haben, waren lebenswichtig in Yucatán, denn es gab dort kaum Flüsse.

Chac-Mool: Statue eines mit angewinkelten Beinen, auf dem Rücken liegenden und auf seine Ellbogen gestützten, halb aufgerichteten Mannes. Auf dem Bauch hält er eine vermutlich zur Aufnahme von Opfergaben bestimmte Schale. Der französische Entdecker Auguste le Plongeon gab 1875 diesem Skulpturen-Typ seinen Namen.

Chenes: Region auf der Halbinsel Yucatán zwischen dem nördlich anschließenden Puuc-Gebiet und der südlich gelegenen Río-Bec-Region. Der als Chenes-Stil bezeichnete Baustil zeichnet sich durch reiche Ornamentik aus.

Chultun: Von den Maya aus Kalkstein gegrabene Höhlen, die durch eine trichterförmige Vertiefung das Regenwasser für die Trockenzeit in einer kleinen Zisterne sammeln.

Codex: Als solcher wird die auf geweißte Rindenstreifen (siehe *amatl*) geschriebene und zwischen Brettchen gefaltete Maya-Handschrift bezeichnet. Aufgrund der Zerstörung vieler Codizes zu Beginn der Christianisierung sind, soweit bekannt, nur vier erhalten. Die Manuskripte sind mit Glyphenschrift und farbigen Zeichnungen versehen.

Cresteria: Spanische Bezeichnung für den Dachkamm, den manche Maya-Tempel und -Paläste tragen. Er wird meist von zwei ornamental durchbrochenen Mauern gebildet, die einander stützen und ist reich mit symbolischen Ornamenten, wie Stufenmäandern und Göttern in Stuckarbeit, geschmückt. Diese hohen Zierkämme dienten als optische Auflockerung der Bauten.

Glyphen: Als Glyphen bezeichnet man analog zu den ägyptischen Hieroglyphen die komplexen Schriftzeichen der Maya. Eine Glyphe besteht aus ein oder zwei bedeutungstragenden Elementen, auf die Vor- oder Nachsilben folgen.

Itzá: Vermutlich eine der mexikanisierten Maya-Gruppen, im allgemeinen Putún genannt. Sie waren Kaufleute und Krieger und brachten in mehreren Etappen »mexikanische« Einflüsse nach Yucatán.

Jade: Halbedelstein von meist grüner Farbe. Die mittelamerikanische Jade gehört zur Gruppe der echten Jadeite und ist von chinesischer Jade chemisch kaum zu unterscheiden. Ihre Farbe variiert zwischen warmem Dunkelgrün und kaltem Blaugrün. Jade galt den Olmeken wie den Maya ihrer Härte und grünen Farbe wegen als magisch lebensbewahrende Substanz. Die verstorbenen Herrscher erhielten Jadeschmuck als Grabbeigabe, und die Könige von Tikal und Palenque fand man mit Jademasken begraben.

Kalender: Siehe Seite 65.

Katun: Periode von 20 *tun* (siehe dort) oder Jahren zu je 360 Tagen (7 200 Tage). Größte Einheit im chronologischen System der von der Langrechnung (siehe dort) abgekommenen nachklassischen Maya.

Kin: Die kleinste Einheit des chronologischen Systems der Maya: ein Tag. Das Wort bedeutet zugleich »Sonne«.

Kraggewölbe: Auch »falsches Gewölbe« genannt. Die das Gewölbe bildenden Steinlagen ragen bei jeder neuen Lage etwas über die untere hinaus, bis sie sich in der Längsachse des Raums treffen. Echte Kraggewölbe findet man in Copán. In der Baukunst der Puuc-Region (siehe dort) wurde mit Beton eingewölbt, dessen monolithische Festigkeit der Kragsteine nicht bedurfte.

Kriegerorden der Adler, Jaguare und Kojoten: Die beiden stärksten und mutigsten Raubtiere des Himmels und der Erde verkörperten für die alten Mexikaner Himmel und Erde, Licht und Dunkel, Sonne und Sternenhimmel, aus deren wechselndem Zusammenspiel und Widerstreit die Welt bestand. Wie später bei den Azteken gründeten schon bei den Tolteken und Maya-Tolteken die Krieger Orden, die Adler, Jaguare und Kojoten als Symbole hatten.

Kukulkán: Siehe Quetzalcoatl.

Langrechnung: Dieses Rechensystem ermöglichte den Maya, die seit dem Jahr 3114 v. Chr. (nach christlicher Zeitrechnung) verflossenen Tage anzugeben. Als Zeiteinheiten definierten die Maya den Tag (*kin*), den Monat mit 20 Tagen (*uinal*), das Jahr mit 360 Tagen (*tun*), die Zeit von 20 *tun* (*katun*) und die Periode von 20 *katun* (*baktun*).

Mansardendach: Als solches definiert man in Analogie zu der von Jules Hardouin Mansart (1646–1708) in die klassische französische Baukunst eingeführte Dachform, bei der das Dach geknickt ist und eine stärkere Neigung im unteren Teil aufweist. Einige Dächer von Bauten der Maya (in Palenque und Yaxchilán) werden als Mansardendächer bezeichnet: der seitliche Teil fällt in sehr steilem Winkel ab, während der mittlere Teil nur geringfügig geneigt ist.

Mesoamerika: Dieser 1943 von Paul Kirchhoff eingeführte Begriff steht für den altindianischen Hochkulturraum, der sich von den Flüssen Pánuco und Lerma im Norden der heutigen Republik Mexiko über Guatemala, Belize bis nach El Salvador und Honduras erstreckt.

Mexica: Die präkolumbischen Völker des *Nahuatl*-Sprachraums, so die Azteken und ihre Vorfahren, die Tolteken, nannten sich »Mexica«.

Nahua: Gesamtheit der *nahuatl* sprechenden Völker, zu denen auch die Tolteken, Azteken und Mexikaner gerechnet werden.

Obsidian: Vulkanisches Glas, entstanden aus rasch erstarrten sauren Laven, das in Mesoamerika (siehe dort) nicht nur zu Pfeil- und Speerspitzen, sondern auch zu Messern verarbeitet wurde. Die Maya fertigten auch Kunstwerke aus diesem natürlichen Glas. So hat man große, komplex gestaltete Zepter gefunden, die aus einem einzigen Stück gearbeitet wurden.

Olmeken: Älteste mesoamerikanische Hochkultur (um 1500 v. Chr.), deren Zeugnisse man in den mexikanischen Bundesstaaten Veracruz und Tabasco gefunden hat. Die Olmeken legten als erste Pyramiden (siehe dort) und Ballspielplätze (siehe Ballspiel) an, stellten Skulpturen auf und verwendeten Schriftzeichen.

Patio: Spanische Bezeichnung für einen Innenhof, die unter anderem auch auf die Innenhöfe des Palastes von Palenque angewendet wird.

Petén: Als »Insel« bezeichnen die Maya nicht nur eine Insel in einem See, sondern auch einen See in einem Wald und schließlich die Region zwischen Yucatán und dem Hochland von Guatemala.

Präkolumbisch: Bezeichnung für die Errungenschaften der Neuen Welt vor deren Entdeckung durch Kolumbus im Jahre1492.

Puuc-Region: Hügelregion im Nordwesten der Halbinsel Yucatán, in der die Maya-Städte gelegen sind, die gegen Ende der klassischen Epoche (650–900 n. Chr.) den gleichnamigen, charakteristischen Stil aufweisen.

Pyramide: Hochaufragender, massiver Baukörper, der als Unterbau des Hochtempels auf der obersten Plattform diente. In vielen Maya-Pyramiden sind unterirdische Grabkammern gefunden worden (Krypta des Tempels der Inschriften in Palenque).

Quetzal: Dieser Vogel des Tropenwaldes wurde wegen seiner glänzenden, langen grünen Schwanzfedern in ganz Mesoamerika (siehe dort) sehr geschätzt. Könige und andere hohe Würdenträger der Maya trugen rituellen und emblematischen Schmuck aus solchen Federn.

Quetzalcoatl: Bezeichnung für den Gott Gefiederte Schlange oder den Morgenstern (Venus), Symbol der Auferstehung in den präkolumbischen Kulturen der mexikanischen Hochebene. Bei den Maya-Tolteken wird diese Gottheit Kukulkán genannt.

Revolution, neolithische: Bezeichnung für die um 5000 v. Chr. beginnende Umstrukturierung der Lebensgewohnheiten von der Wirtschaftsform der nomadisierenden Jäger und Sammler zur produzierenden Wirtschaftsform seßhafter Ackerbauern und Viehzüchter.

Río-Bec-Region: Region im Südosten Yucatáns an der Grenze zu Guatemala und Belize, in der man Bauten aus der klassischen Epoche der Maya-Kultur findet, deren Stil sich von dem der südlicher gelegenen Städte des zentralen Tieflands deutlich unterscheidet. Charakteristisch ist die rein dekorative Verwendung der ursprünglich funktionalen Bauformen der klassischen Maya-Architektur. Über die Fassaden der Paläste erheben sich pyramidale Türme, deren steile Treppen niemand ersteigen kann. Auf diesen Türmen stehen massiv gemauerte Hochtempel, die ein Allerheiligstes (siehe Cella) nur mehr durch die Außenansicht symbolisieren.

Sacbé (Plural *sabeob*): Die sogenannten Dammstraßen sind sorgfältig nivellierte und gepflasterte geradlinige Prozessionsstraßen, die verschiedene Städte der Maya miteinander verbanden, oft über große Entfernungen. Die längste bisher entdeckte ist 100 km lang und verbindet Cobá und Yaxuná im Nordosten Yucatáns.

Stele: Während des klassischen Zeitalters stellten die Herrscher der Maya-Städte regelmäßig am Ende bestimmter Kalenderperioden skulptierte Gedenksteine auf, die neben Inschriften meist ein Bild des betreffenden Herrschers bei der Ausführung eines Ritus zeigen.

Stuck: Die Maya verwendeten eine Mischung aus Gips und Baumharz, mitunter auch mit Pflanzenfasern zur Verstärkung des Stucks für den Skulpturenschmuck ihrer Steinbauten. Die Stuckskulptur an Säulen, Friesen und Dachkämmen war ursprünglich farbig gefaßt.

Talud-Tablero-Bauweise: Mit diesem spanischen Begriff bezeichnet man das für den Stil der Pyramiden von Teotihuacán charakteristische Profil, das auf einer horizontalen Zweiteilung der Fassade beruht. *Talud* ist der geböschte, schräge Wandteil, auf den ein leicht auskragendes, senkrechtes Wandelement, der *tablero*, folgt, das bemalt oder mit einem Steinrelief verziert als Blickfang dient.

T'ao t'ie-Masken: Masken auf den bronzenen Vasen der Schang-Dynastie (etwa 1450–1050 v. Chr.), deren streng axialsymmetrische Spiegelung der Profilansichten eines phantastischen Ungeheuers den Typus der gespaltenen Darstellung verkörpert. Dieser Typus taucht auch in den Chac-Masken des Puuc-Stils auf.

Tumulus: Künstlich aufgeschütteter Hügel, unter dem gewöhnlich ein Grab liegt.

Tun: Das 360 Tage zählende »Rundjahr«, das Zählgrundlage der Maya war.

Tzompantli: Aztekische Bezeichnung für das Schädelgerüst. Hier wurden die Köpfe der den Göttern Geopferten auf Stäbe aufgespießt und aneinandergereiht aufgestellt.

Uinal: Periode von 20 Tagen, 18 *uinal* vollendeten ein *tun* von 360 Tagen.

Venus: Dieser Planet spielte eine wichtige Rolle im Leben der Maya, die ihm viele Namen gaben, wie »Großer Stern«, »Roter Stern«, »Glänzender Stern«, »Gefährte der Morgenröte« und auch »Bienenstern«. In seinem doppelten Aspekt als Abend- und Morgenstern wurde er in ganz Mesoamerika (siehe dort) als Symbol von Tod und Wiedergeburt verstanden.

Vigesimalsystem: Ein dem europäischen, auf der Zahl der Finger beruhenden, verwandtes Zahlensystem, das jedoch von der Zahl der Finger und Zehen ausgeht. Man schreitet darin anstatt wie im Dezimalsystem von den Zehnern zu den Hundertern, von den Zwanzigern zu den Vierhunderten fort. Das Vigesimalsystem diente vor allem der Zeitrechnung.

Wisconsin-Eiszeit: Die der Würm-Eiszeit in der Alten Welt entsprechende vierte und letzte Eiszeit der Neuen Welt, die zwischen 80 000 und 10 000 v. Chr. datiert wird.

Xibalba: Totenreich, in dem die göttlichen Zwillinge, von denen das »Popol Vuh«, eine große Sagensammlung, erzählt, die Herren der Unterwelt überlisten und im Ballspiel besiegen.

Zapote: Nach dem Namen *tzápotl*, den ihm die Mexikaner gaben, botanisch als Achras Sapota bezeichnet. Bis zu 20 m hoher Baum, dessen hartes und nicht faulendes Holz von den Maya, die ihn auch wegen seiner Früchte schätzten, zu den oft kunstvoll geschnitzten Türoberschwellen ihrer Paläste und Tempel verarbeitet wurde.

Zapoteken: Noch heute die Mehrzahl der indianischen Bewohner des mexikanischen Bundesstaates Oaxaca. Die Blütezeit der präkolumbischen Kultur der Zapoteken, von der unter anderem die Ruinen von Mitla und Monte Albán zeugen, wird zwischen 250 und 800 n. Chr. angenommen.

Zeremonialzentrum: Bezeichnung für einen Komplex von Bauten. Dort werden rituelle Handlungen und Opferungen vollzogen.

Bibliographie

Adams, Richard E. W., Walter E. **Brown** und T. Patrick **Culbert**: *Radar Mapping, Archaeology, and Ancient Maya Land Use*, in: Science, 213, 1981.

Alcina, José: *Die Kunst des alten Amerika*, Freiburg/Breisgau 1978.

Andrews, E. und V. **Wyllis**: *Dzibichaltún*, in: Supplement to the Handbook of Middle American Indians 1, Austin,Texas 1981.

Art Millénaire des Amériques, mit Beiträgen von Jean Paul Barbier, Iris Barry, Conceisao G. Corrêa u.a., Genf 1992.

Art précolombien du Mexique, Ausstellungskatalog, Galeries Nationales du Grand Palais, Paris 1990.

Baudez, Claude-François und Pierre **Becquelin**: *Die Maya*, München 1985.

Baudez, Claude-François und Sydney **Picasso**: *Les Cités perdues des Mayas*, Paris 1987.

Berlin, Heinrich: *Signos y significados en las inscripciones mayas*, Instituto nacional del Patrimonio cultural de Guatemala, Guatemala 1977.

Carrasco Vargas, Ramon: *Chicanná, Campeche, Un Sitio de la Frontera Sur – Estudio arquitectonico*, UNAM, Mexiko 1994.

Coe, Michael D.: *Das Geheimnis der Maya-Schrift. Ein Code wird entschlüsselt*, Reinbek 1995.

Coe, Michael D.: *Die Maya*, Bergisch-Gladbach 1977.

Culbert, Patrick T. (Hrsg.): *Classic Maya political history, Hieroglyphic and Archaeological Evidence*, mit Beiträgen von Norman Hammond, Peter Mathews, Linda Schele u.a., A School of American Research Book, Cambridge, New York 1991.

Eggebrecht, Arne und Eva und Nikolai **Grube** (Hrsg.): *Die Welt der Maya*, Mainz 1994.

Grube, Nicolai: *A preliminary Report of the Monuments and Inscriptions of La Milpa, Orange Walk, Belize*, Baessler-Archiv, Berlin 1994–1995.

Hartung, Horst: *Die Zeremonialzentren der Maya*, Graz 1971.

Hellmuth, Nicholas M.: *Pre-Columbian Ballgame, Archaeology Architecture*, Guatemala 1975.

Kowalski, Jeff Karl: *The House of the Governor – A Maya Palace at Uxmal, Yucatán, Mexico*, Norman 1987.

Landa, Diego de: *Bericht aus Yucatán*, deutsch von C. Rincón, Leipzig 1990.

Leyenaar, Ted J. J. und Lee A. **Parson**: *ULAMA – The Ballgame of the Mayas and Aztecs*, Leiden 1988.

Marquina, Ignacic: *Arquitectura prehispanica*, INAH, Mexiko 1951.

Miller, Virginia E.: *The Frieze of the Palace of the Stuccoes, Acanceh, Yucatan*, Dumbarton Oaks Research Library and Collection, Washington D.C. 1991.

Mittelamerika – Stätten der Maya, Köln 1995.

Morley, Silvanus G.: *La civilización maya*, Mexiko 1961.

Pena Castillo, Augustin: *Becan, Campeche*, INAH, Mexiko 1982.

Popol Vuh, Das Buch des Rats, aus dem Quiché übertragen und erläutert von Wolfgang Cordan, Köln 1978.

Proskuriakoff, Tatiana: *An Album of Maya Architecture*, Washington D. C. 1946, Norman 1963.

Proskuriakoff, Tatiana: *Historical Data in the Inscriptions of Yaxchilán*, Estudios de Culture Maya, UNAM, Mexiko 1963–1964.

Proskuriakoff, Tatiana: *Olmec and Maya Art – Problems of their Stylistic Relations*, in: Dumbarton Oaks Conference on the Olmec, Washington D.C. 1968.

Rio, Antonio del: *Beschreibung einer alten Stadt, die in Guatemala (Neuspanien) unfern Palenque entdeckt worden ist*, Meiningen 1823; neu herausgegeben und erläutert von Frauke Johanna Riese, Berlin 1993.

Robertson, Merle Greene: *The Sculpture of Palenque*, 4 Bde., Princeton, New Jersey 1983–1991.

Ruz Lhullier, Alberto: *Costumbres funerarias de los antiguos Mayas*, Mexiko 1968, neu aufgelegt 1991.

Schele, Linda und Mary Ellen **Miller**: *The Blood of Kings – Dynasty and Ritual in Maya Art*, Kimbell Art Museum, Fort Worth 1986.

Schele, Linda und David **Friedel**: *Die unbekannte Welt der Maya, Das Geheimnis ihrer Kultur entschlüsselt*, München 1991.

Soustelle, Jacques: *Les Mayas*, Paris 1982.

Stephens, John L.: *Incidents of Travel in Central America, Chiapas and Yucatan*, with Illustrations by Frederick Catherwood, 2 Bde., New York 1841, 1969.

Stierlin, Henri: *Die Kunst der Maya, von den Olmeken zu den Maya-Tolteken,* Köln 1994.

Stierlin, Henri: *Maya, Guatemala, Honduras, Yucatán*, München 1964.

Stierlin, Henri: *L'Or et la Cendre – A la rencontre des Amériques, 1492*, Paris 1991.

Stierlin, Henri: *Les surprises de l'art précolombien*, in: L'Œil, 454, 1993.

Stuart, David und Stephen **Houston**: *Classic Maya Place Names*, Dumbarton Oaks Research Library and Collection, Washington D.C. 1994.

Taube, Karl Andreas: *The major Gods of ancient Yucatan,* Dumbarton Oaks Research Library and Collection, Washington D.C. 1992.

Thompson, J. Eric: *Die Maya, Aufstieg und Niedergang einer Indianerkultur*, Essen 1975.

Thompson, J. Eric: *Maya History and Religion*, Norman 1970.

Westphal, W.: *Die Maya – Volk im Schatten seiner Väter*, Bindlach 1991.

Register – Bauwerke

Register – Personen

Danksagung und Abbildungsnachweis

Autor und Verlag sind den mexikanischen Behörden – vor allem dem Tourismussekretariat SECTUR – für die Hilfe bei den Fotoreisen zur Vorbereitung dieses Buches zu herzlichem Dank verpflichtet. Die Fotografen danken besonders Direktor Juan Manuel Buendia und Vizedirektorin Victoria Orozco Ito sowie Bernard Forat, der ihre Reisen umsichtig organisiert hat.
Sie bedanken sich außerdem bei der Fluggesellschaft Aeromexico und deren Pariser Direktor Fiorenzo Zanni für die großzügige Unterstützung auf den Flugstrecken Paris – Cancun – Mexico-City.
Für folgende Abbildungen dankt der Verlag:
Seite 27, 48, 50, 51, 52 links: © Arturo Braun, Mexico-City.
Seite 46, 47, 49, 52 rechts, 53, 54 oben links und rechts: © Maximilien Bruggmann, Yverdon.
Seite 44/45: © André Martin, Paris.
Seite 10: NASA, Washington.
Seite 130, 133, 174 unten: © Matteo Vercelloni, Mailand.
Besonderer Dank gilt Alberto Berengo Gardin für die Anfertigung der Pläne auf den Seiten: 11, 24, 28, 38, 42, 43, 46, 48, 53, 55, 71, 75, 78, 83, 88, 90, 106, 112, 118, 128, 129, 133, 137, 146, 159, 163, 169, 176, 179, 187, 188, 198, 202, 206, 219, 222.

ALLE 40 BÄNDE AUF EINEN BLICK

Jeder Band nur DM/sFr 39,95 | öS 299,00

Die Antike

- Vorderer Orient
- Ägypten*
- Griechenland*
- Imperium Romanum Band I* + II

Das Mittelalter

- Byzanz
- Frühes Mittelalter*
- Romanik
- Gotik Band I + II

Präkolumbische Kulturen

- Maya*
- Mexiko
- Azteken
- Peru
- Inka

Meisterwerke des Islam

- Islam Band I* + II
- Persien
- Türkei
- Moghul

Formenreichtum Asiens

- Indien Band I + II
- China
- Hinterindien
- Japan

Stilentwicklungen der Neuzeit

- Renaissance
- Barock Band I – III
- Französischer Klassizismus

Die Moderne

- Neoklassizismus und Revolution
- Jugendstil und Industrie-architektur
- Amerikanische Architekten
- Visionäre der Avantgarde
- Frühe Moderne
- International Style*
- Monumentalbauten
- Postmoderne
- Zeitgenössische Meister
- New Forms*

*Diese Titel erscheinen bis Herbst 1997

Autor: Henri Stierlin, Genf
Herbst 1996

Autor: Henri Stierlin, Genf
Herbst 1996

- Sie können 40 Bände von TASCHENS WELTARCHITEKTUR über einen Zeitraum von acht Jahren sammeln und erhalten damit das vollständige Panorama der Weltarchitektur von den ersten Bauwerken in Mesopotamien bis zu zeitgenössischen Bauvorhaben.
- Jeweils fünf Bände ergeben einen lückenlosen Überblick über die architektonische Entwicklung einer großen Kultur.
- Jeder einzelne Band stellt eine komplexe Epoche der Baukunst vor. Nach der Lektüre jedes Buches zieht es den Leser in die Ferne, um die phantastischen Bauwerke selbst zu entdecken und zu erforschen.

Autor: Dietrich Wildung, Berlin
Frühjahr 1997

Autor: Henri Stierlin, Genf
Frühjahr 1997

Autor: Xavier Barral i Altet, Barcelona
Herbst 1997

Autor: Henri Stierlin, Genf
Herbst 1997

Autor: Hasan-Uddin Khan, Lexington (MA), USA
Herbst 1997

Autor: Philip Jodidio, Paris
Frühjahr 1997

TASCHENS WELTARCHITEKTUR

- TASCHENS WELTARCHITEKTUR stellt in 40 Bänden 6 000 Jahre Architekturgeschichte vor.
- Jeder einzelne Band behandelt umfassend und abschließend eine Epoche.
- Die gesamte Reihe gibt einen lückenlosen Überblick von der Antike bis zur Gegenwart. Jedes Jahr erscheinen fünf Titel.
- TASCHENS WELTARCHITEKTUR ist ein Muß für jeden Architekturliebhaber und Reisefreund.
- Renommierte Fotografen bereisen für diese Reihe die ganze Welt. Bekannte und unbekannte Bauwerke sind in über 12 000 Fotografien dokumentiert.
- Kompetente Autoren führen mit spannenden, wissenschaftlich fundierten Texten durch TASCHENS WELTARCHITEKTUR. Sie stellen die Architektur in ihren kulturellen, politischen und sozialen Zusammenhang.
- Das elegante und moderne Design führt den Betrachter visuell leicht verständlich durch historische und zeitgenössische Bauwerke.
- Auf farbig hervorgehobenen Seiten werden wichtige Architekturtheorien, charakteristische Stilmerkmale und spezifische Konstruktionstechniken in Exkursen erläutert.
- Jeder Band enthält 40 bis 50 nach neuesten wissenschaftlichen Forschungsergebnissen erstellte Landkarten, Pläne und Rekonstruktionszeichnungen, die für diese Bücher mit modernster Computertechnik angefertigt werden.
- Der Anhang beinhaltet übersichtliche Zeittafeln, die auf einen Blick den Zusammenhang von historischen Ereignissen und Bauwerken einer Kultur herstellen.
- In einem ausführlichen Glossar werden Fachbegriffe leicht verständlich erläutert.
- Personen- und Ortsregister ermöglichen eine schnelle und zuverlässige Orientierung.
- Jedes Buch hat 240 Seiten mit ca. 300 farbigen Abbildungen auf hochwertigem Kunstdruckpapier. 240 x 300 mm, Hardcover mit Schutzumschlag.

Jeder Band nur DM/sFr 39,95 | öS 299,00

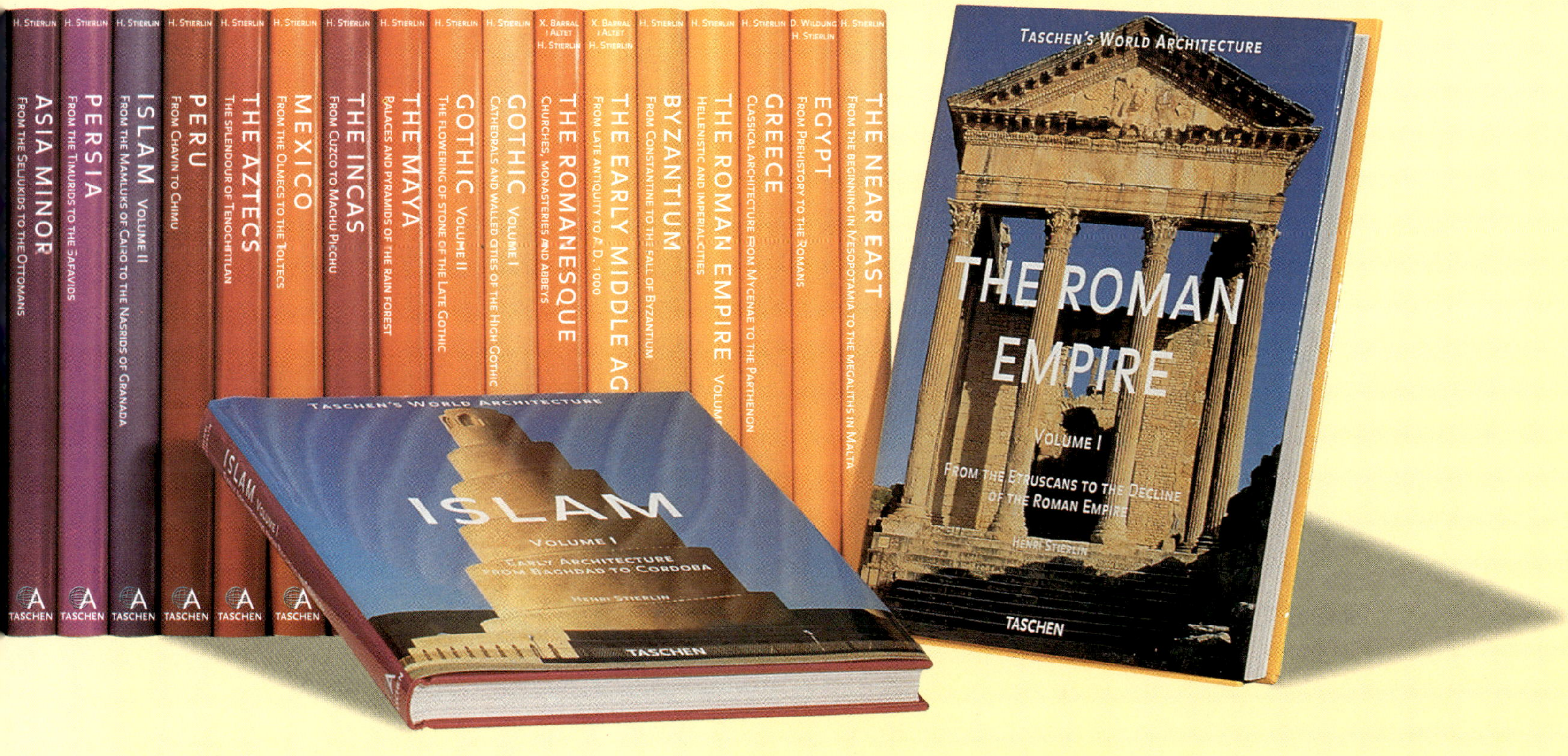